John Updike

Museen und Musen

Erzählungen

Deutsch von
Uwe Friesel und
Monica Michieli

Rowohlt

Veröffentlicht im
Rowohlt Taschenbuch Verlag GmbH,
Reinbek bei Hamburg, Januar 1996
Die Erzählungen der vorliegenden
Ausgabe wurden dem Band
«Der verwaiste Swimmingpool» entnommen.
Copyright © 1987
by Rowohlt Verlag GmbH,
Reinbek bei Hamburg
Die Originalausgaben, aus denen der Autor
die Auswahl für «Der verwaiste Swimmingpool»
zusammenstellte, erschienen unter den Titeln
«Museums and Women» (1972) und «Problems»
(1979) im Verlag Alfred A. Knopf, New York
Copyright © 1960, 1965, 1966, 1967, 1968, 1969,
1970, 1971, 1972, 1973, 1974, 1975, 1976,
1977, 1978, 1979 by John Updike
Alle deutschen Rechte vorbehalten
Umschlaggestaltung
Walter Hellmann/Beate Becker
(Illustration: Hans Hillmann)
Gesetzt aus der Sabon (Linotronic 500)
Gesamtherstellung Clausen & Bosse, Leck
Printed in Germany
200-ISBN 3 499 22050 4

Inhalt

Museen und Musen

Nebeneinander sehen die beiden Wörter fast gleich aus, durchsichtig scheinbar. Die M und die n, die ihre Struktur rahmen und richten, können zwar nicht verhindern, daß die identischen s in der Mitte die Akzente anders tragen, das eine Mal vor sich her, das andere Mal auf dem Rücken. Dennoch, von ihrem dunklen vokalischen Kern aus *klingen* beide Wörter. Beide suggerieren sie Aura und Antike, Geheimnis und Pflicht.

Mein erstes Museum habe ich mit meiner Mutter besucht. Es war ein Provinzmuseum, stattlicher Stolz einer drittklassigen Stadt im Landesinnern, die es zierte. Man näherte sich ihm durch ein paradiesisches Grundstück mit geharkten Kieswegen, in humusreichen Boden gepflanzter exotischer Flora und Bäumen, die Etiketten trugen, als wären sie eben erst von Adam getauft. Der Inhalt des Museums war irritierend vielfältig, seine Vitrinen waren bestückt mit allen möglichen Scherben fremder Zivilisation, je nachdem, was ihm von den anmaßenden Vermögen der

Stahl- und Textilbarone der Provinz zugefallen war. Ein zerfetztes Kajak teilte sich einen Raum mit einem Gestell voll polynesischer Paddel. Eine Mumie, deren Schädel als Halbmaske vergoldet war, lag in einem Vorzimmer, als handle es sich um nichts anderes als eine jener Trauerfeiern am offenen Sarg, wie sie in meiner Kindheit üblich waren. Mexikanische Miniaturdörfer leuchteten auf, wenn man einen Schalter drehte, und eine Pyramide wurde von verdrießlich aussehenden braunen Puppen erbaut, die ihren Pappmaché-Stein niemals auch nur den Bruchteil eines Zentimeters fortbewegten. Ein unendlich geduldiger Chinese, der mir so fern stand wie der Bewohner eines fremden Sterns, hatte aus einem gelben Rhinozeros-Horn eine mondförmig emporragende Stadt geschnitzt, mit einer Pagode auf der Spitze und Balkonen, Weinreben und fingerhutgroßen Menschen, deren Gesichter mikroskopisch kleine Ausdrücke des Schmerzes trugen.

Das war unten. Oben, oberhalb einer doppelten Treppenflucht aus Marmor, die sich bis zu einem grünen Brunnen steigerte, der grün plätscherte, waren die Kunstwerke ausgestellt. Oben stellten in jedem Herbst die Amateurmaler aus der Gegend vierhundert

Aquarelle mit Pfingstrosen und Steinscheunen aus. Das restliche Jahr über hatten düster-professionelle Ölgemälde von verrottenden, wildwuchernden Waldungen die Wände für sich, doch teilten sie die großen kühlen Räume mit Kästen voller Tafelsilber aus Philadelphia, Truhen, die von mennonitischen Volkskünstlern mit Herzen, Tulpen und blutenden Pelikanen dekoriert waren, mit dicken grünblauen Glasgefäßen, in denen man noch die Luftbläschen vom Glasblasen sah, sowie seltsamen Flickendecken und merkwürdigen kleinen Statuen. Merkwürdig vielleicht nur durch den Eindruck, den sie auf mich machten. Es waren Bronzestatuetten, hier und da wie von einer liebkosenden Hand zufällig poliert, Nackte oder Gruppen von Nackten. Die Legitimation für die Nacktheit variierte; manche der Figuren waren amerikanische Indianer, manche mythische Griechen. Einer Dame mit einem vornehmen, reservierten Gesichtsausdruck wurden von einem kauernden Mann mit Hörnern und behaarten und behuften Beinen, die falsch herum angebracht waren, die Kleider weggezogen. Eine andere Statue verkörperte zwei nackte, miteinander ringende Jungen. Eine weitere stellte einen Indianer dar, der, nur mit einem Messergürtel bekleidet, rittlings auf einem ungesattelten Pferd saß, das Kinn in Trauer auf die Brust gesenkt, während seine hervorragend bezehten Füße zugleich hart und schlaff herabhingen und darum baten, berührt zu werden. Ich glaube, es war das Kleinformatige dieser Figuren, das sich mir so eindringlich ins Gedächtnis geprägt hat. Jede von ihnen wäre, ins wirkliche Leben entlassen, ungefähr fünfzig Zentimeter groß gewesen und hätte auf meinen Armen vielleicht soviel gewogen wie eine Katze. Ich brannte darauf, sie zu berühren, mitzumachen, mich in die mysteriöse Stille ihres angestrengten Streits einzumischen, in diese unterdrückte Gewalttätigkeit, die ihre polierten Zehen hervortreten ließ und ihre Fingernägel bis ins Detail ausformte. In ihrer Kleinheit waren sie wie geheime Gedanken von mir, die sich zu Plastizität und Dauer projiziert hatten, und sie kamen wie eine Erwiderung zu mir zurück, die befremdlich bis in Teile meines Körpers vordrang. Im Schatten meiner Mutter fühlte ich mich wie ein furchtsames Tier.

Meine Mutter: wie das Museum, entsprach auch sie ihrer Kategorie. Ich kannte keine andere und akzeptierte sie als vollständigen und endgültigen Maßstab für Frauen. Jetzt sehe ich, daß auch sie provinziell war, daß auch sie viel Schönes enthielt, aber eben durcheinandergeraten und durch große Lükken verzerrt. Sie war eine unergründliche Mischung aus Wissen und Unwissen, Offenheit und Zurückhaltung. Obwohl sie mich viele Sonntage ins Museum mitnahm, erinnere ich mich nicht, daß sie je mit mir über irgend etwas dort Ausgestelltes gesprochen hat; nur einmal, als sie bemerkte, wie sehr die kleinen Figuren mich faszinierten, sagte sie: «Billy, sie kommen mir so klein und unglücklich vor.» In ihrer flüchtigen Art hatte sie etwas Wahres getroffen. Der besiegte Indianer war nicht allein in seiner Melancholie. All die Statuetten in ihren Kämpfen oder Späßen, die jeder Gruppe die metallene Einheit einer einzigen Gußform gaben, schienen in einem trüben Schicksal gefangen, aus dem ich sie allzugern befreit hätte. Ich wollte sie berühren, sie trösten, dennoch hielt ich meine Hand zurück, aus Angst, das Siegel ihrer finsteren, wilden Unterwelt zu brechen.

Das Grauen, das ich in jenen hohen kühlen Galerien empfand, schlug sich an jenen kleinen Statuen nieder, es ging nicht von ihnen aus; es schien von über und hinter mir zu kommen wie von einer anderen lebendigen Person in dem Raum. Oft war meine Mutter, wortlos die Wand mit Waldlandschaften und struppigen Wiesen abgrasend, die einzige andere Person in dem Raum. Wer sie war, war ein so tiefes Geheimnis, daß es sich nie zu einer Frage verdichtete. Sie war zu mir aus den dünnen Wolken früherer Vorhandenheit herabgestiegen, hatte mich umhüllt und zu einem unsichtbaren Ziel losgeschickt in einer vagen Erwartung, die am Anfang mehr ihr eigen war als mir. Sie war nicht zufrieden. Ich spürte, daß der Antrieb, der uns immer wieder ins Museum brachte, eine bestimmte Erregung war, daß diese Korridore für sie auf einen strahlend hellen Ort zuliefen, der für sie verzweifelt unerreichbar geblieben war. Der Brunnen am oberen Treppenabsatz plätscherte unbeachtet; die Schritte meiner Mutter tappten geschäftig, und sie zog mich fort in einen anderen Saal, wo ein Kasten mit reflektierendem Tafelsilber flammend offenstand wie das Maul eines schönen Drachens. Sie ließ mich vorangehen, damit ich ihm allein gegenübertrat. Ich war ihr Sohn, das Zentrum ihrer Erwartungen. Gehorsam nahm ich den lichtbeschienenen Schrecken der gedämpften hohen Räume in mich auf und ging mit einer Art ängstlicher Habgier durch jeden Durchgang.

Dieses Museum, mein erstes, assoziiere ich mit etwas anderem, weniger Unheimlichem; denn es gehörte zu jenen Orten – wie das Telegrafenamt, die Brezelfabrik und die Landwirtschaftsmesse –, wohin Schulkinder pädagogisch wertvolle Ausflüge machten. Gewöhnlich befand ich mich am Ende der Reihe, zwischen den einzelnen Nachzüglern, und vorne, am Anfang, im lauten Kern der Anführer, war das sommersprossige Mädchen, das ich meiner Meinung nach liebte. Vielleicht war es ebensosehr die Meinung meiner Mutter wie die meine. Das Mädchen wohnte in unserer Nachbarschaft, eins aus einem ganzen Rudel Schwestern, und von der Zeit an, da sie an unserer Vorderhecke vorbeigehen konnte, hatte meine Mutter einen Narren an ihr gefressen. Bewundernd sprach sie von ihrer Lebhaftigkeit. Diese Begeisterung überraschte mich, denn das Mädchen war in der Gegend als vorlaut bekannt, und als sie älter wurde, tat sie sich mit einer Gang von Kindern zusammen, deren Taten meine Mutter sicherlich als «unsäglich» empfunden hätte. Stets lud meine Mutter sie zu meinem Geburtstag ein; dort glänzte sie – fehl am Platz, aber schnell die Situation verzeihend – für ein paar Stunden im Kreis meiner schattengesichtigen behüteten Freunde.

Wenn ich versuche, mich an meine Schulzeit zu erinnern, kommt es mir vor, als versuchte ich, eingehüllt in heiße Dampfwolken, angestrengt einen Blick auf sie zu erhaschen, oder ich bin im Kino hinter einer Reihe riesiger Köpfe gefangen, während Ausschnitte der Leinwand verwirrend flackern. Das Alphabet trennte uns; sie saß im Klassenzimmer vorn, und ich, William Young, ziemlich weit hinten. Wo das Alphabet nicht galt, traten andere Unterscheidungssysteme dazwischen. Im Museum trieb ein unbarmherziges Gesetz sie vorwärts, hin zu den anderen Lebhaften, die kichernd um die wehrlosen kleinen Statuen herumstanden, während ich am Brunnenrand zurückblieb, neidisch, wütend und bis zum Rand voll mit Dingen, die ich sagen wollte. Ich habe sie nie gesagt. Es schien immer nur daran zu liegen, wer sich wo aufhielt; nie stand ich oder stand es mit mir so, daß ich meine Liebe erklären, geschweige denn danach handeln konnte. Keine Unterscheidung schneidet so tief wie die zwischen der Angebeteten und dem Anbeter. Ich bin von Natur aus dazu verdammt, pflichteifrig und ergeben zu sein.

Das Mädchen, das meine Frau werden sollte, stand vor einem Museum oben auf den steinernen Stufen, die ich hinaufstieg. Obwohl es bitterkalt war, trug sie fadenscheinige Turnschuhe, aus denen ihre kleinen Zehen herausschauten, und sie rauchte. Furchterregende Wolken von Rauch und gefrorener Atemluft kamen aus ihrem Mund, und sie vermittelte, an eine kannelierte Säule gelehnt, das Bild einer weißgesichtigen Priesterin, die sich in Anbetung des Tabaks selbst zum Opfer darbrachte. «Haben Sie keine kalten Füße?» fragte ich sie.

«Ein bißchen. Es macht mir nichts.»

«Stoisch.»

«Vielleicht bin ich Masochistin.»

«Wer ist das nicht?»

Sie sagte nichts. Hatte ich etwas Komisches gesagt? Ich steckte mir eine Zigarette an, obwohl das Inhalieren der Luft mir in der Kehle kratzte, und fragte: «Haben Sie nicht Mittelalter belegt? Sie sitzen vorn.»

«Ja. Sie sitzen hinten?»

«Ich halte das für richtiger. Mein Hauptfach ist Geschichte.»

«Ist es Ihr erstes Seminar in Kunstgeschichte?»

«Hmhm. Es liegt günstig – spät genug für
ein spätes Frühstück und früh genug für ein
frühes Mittagessen. Ich versuche, ein Jahr zu
überspringen.»

«Mit Erfolg?»

«Nicht eigentlich. Nur wenn ich zu
schlecht stehe, fange ich an zu pauken.»

«Wie gefällt Ihnen Mittelalter?»

«Sehr. Es ist, als ginge man am Vormittag
ins Kino. Das ist meine Vorstellung von
Sünde.»

«Sie haben witzige Einfälle.»

«Nein. Sie sind sehr konventionell. Es
würde mir zum Beispiel nie einfallen, barfuß
im Schnee zu stehen.»

«Ich bin ja nicht barfuß.»

Trotzdem verlangte mich danach, die Füße
anzufassen, sie zu trösten. In diesem Mädchen, diesem blassen Geschöpf des Universi-
tätsmuseums, lag etwas sich Entziehendes,
das mich vorwärts zog. Ich spürte in ihr eine
unschuldige, traurige Leere, auf die ich meinen Namen drücken mußte. Ich verfolgte sie
durch das Museum. Für ein Museum war es
ziemlich intim. Von der Architektur her war
es von lichter Hohlheit, herumgebaut um den

glasüberdachten Nachbau eines italienischen Innenhofs aus dem sechzehnten Jahrhundert. An den vier Ecken seines aus Steinfliesen bestehenden Fußbodens standen vier große graue Terrakotta-Statuen der Jahreszeiten. Sie waren aus Frankreich, überlebensgroß, und reduzierten die vier epischen Durchgänge des Jahres auf vier nette Aristokraten, zwei männliche und zwei weibliche, die beschlossen hatten, pikant von Weinreben und Bändern umhüllt einen Kostümball zu besuchen. Ich erinnere mich, daß der Frühling einen Schlapphut trug und einen Korb voller starrer Blumen. Die Treppen und Galerien, durch die das Museum um den Innenhof herum mit sich selbst kommunizierte, wirkten deutlich mittelalterlich, und die Launen der Spender hatten die mittelalterliche und die orientalistische Sammlung unverhältnismäßig stark anschwellen lassen – wenn auch ein beachtlicher Versuch unternommen worden war, die Epochen der Kunstgeschichte seit der Renaissance mit je einem Gemälde oder wenigstens einer Zeichnung von jedem Meister zusammenzustückeln. Doch die Räume, die diese späten Arbeiten enthielten – einschließlich einiger Cézannes und Renoirs, die, da sie selten in Kunstbüchern repro-

duziert waren, die geheime Süße von Wald-
blumen hatten –, lagen außerhalb der Route
jenes Seminars, das wir beide besuchten. So
führte meine Werbung vor allem steinerne
Korridore entlang, an romanischen Kapitel-
len vorbei und durch niedrige graue Bogen-
gänge, die sich auf vergoldete Altarwände
öffneten.

Ich erinnere mich, ihr um ein Kapitell aus
Avignon herum nachgestelzt zu sein; darauf
waren Samson und seine Taten dargestellt.
Auf der einen Seite trug er die Tore von Gaza
fort, während um die Ecke herum sein massi-
ver Kopf ohnmächtig auf Delilahs Schoß lag
und sie unbeholfen an seinem Haar herumsä-
belte. Wir mußten über dieses Kapitell eine
Arbeit schreiben, und als ich meine Interpre-
tation noch einmal probte, wohldurchdacht
und durch ausgiebiges Zeigen mit beiden
Händen unterstrichen, sagte das Mädchen
nachdenklich: «Sie sehen da schrecklich viel
hinein, nicht wahr?»

Meine Hände erstarrten und zogen sich
verwirrt zurück; die Terminologie der
Kunstgeschichte war mir neu, und ich zwei-
felte tatsächlich daran, daß ein ungebilde-
ter Steinmetz des halbbarbarischen Euro-
pas ästhetisch so scharfsinnig gewesen sein

konnte, wie ich es war. «Was sehen *Sie* darin?» fragte ich, mich verteidigend.

«Nicht sehr viel», sagte sie. «Ich frage mich, warum man uns dies hier aufgegeben hat. So schön ist es nun auch wieder nicht. Die aus Cluny sind viel schöner, finde ich.»

Es erregte mich, sie mit derart sorgloser Autorität sprechen zu hören. Sie hatte Kunstgeschichte als Hauptfach. Und in gewisser Weise, so, wie sie das Museum in Besitz genommen hatte, würde ich all die von ihr beherrschten zeitlosen Kostbarkeiten, indem ich sie besaß, ebenfalls besitzen. Zuerst war sie mir wie jemand erschienen, der die Tore bewachte.

Einmal begleitete ich sie nach Boston, in das Museum dort, um in Verbindung mit einem anderen Kursus, an dem sie teilnahm, eine antike attische Sphinx zu studieren. Die gefiel ihr, obwohl es nur ein geflügelter Körper ohne Kopf aus weißem Marmor war, sehr schlicht, steif auf seinen Keulen hockend, während die breite Brust unter den Kerben stilisierter Federn hervorleuchtete. Sie zeigte mir die S-Kurve des Körpers, die sich im Schwanz und vermutlich auch in dem verschwundenen Kopf wiederholte.

«Es ist eine sehr stolze kleine Statue, nicht

wahr?» wagte ich zu behaupten, ein Versuch, sie in den kleinen sorglosen Himmel ihrer Wertschätzung zu begleiten. Wieder schien es, als hätte ich etwas Komisches gesagt.

«Ich liebe sie», war alles, was sie antwortete, mit einer bestimmten Widerspenstigkeit um den Mund und einer einladenden Leere in den Augen.

Draußen war Winter. Die Bäume, mittelalterliche Wesen, neigten sich grau in grau. Wir gingen und gingen, und eine Zeitlang war das Museum das einzige Dach, das wir miteinander teilten. Meine Werbung machte Fortschritte; wir sprachen ernst; die Kindheit, die ich in so wütendem Schweigen und furchtsamen Ahnungen verbracht hatte, hatte mir viel zu erzählen gelassen. Sie konnte zuhören. Sie war wie ein Raum mit Vasen: Du trittst ein und findest dein Bewußtsein von dir selbst durch eine vage, stille Erwartung in der Luft mit einemmal geschärft. Ich sehe sie auf der breiten kalten Balustrade sitzen, die in der Höhe des zweiten Stockwerks um den Binnenhof herumlief. Jenseits ihres Kopfes schimmerten die Fliesen, als ob sie naß wären, und Le Printemps mit dem weiten Hut schien auf barocke

Weise verkürzt. Angst vor der Höhe erfaßte mich; dieses Mädchen schwebte am Rand eines Sturzes. Ich hörte das Volumen der Leere nach ihr rufen, sie von mir fortrufen, der ich so voller Gespräche war. Etwas Stummes und Fernes war in ihr, das nur einmal sprach, einmal, nachdem wir einen ganzen Abend lang nebeneinander gelegen hatten. «Weißt du, noch liebe ich dich nicht», sagte sie ruhig zu mir.

Ich betrachtete das als Herausforderung, obwohl es auch als Freigabe gemeint sein mochte. Ich setzte meine Jagd durch die Examina (wir erhielten beide Eins-minus) und in ein anderes Seminar hinein fort, ein Frühjahrsseminar, das schlicht «Drucke» hieß. Überraschenderweise schrieb mir meine Mutter, daß ich mich nicht verzetteln sollte – sie glaube jetzt, daß sie auf der Universität diesen Fehler gemacht habe. Ich war beleidigt, denn ich glaubte, sie müßte ohne ein Wort von mir verstehen, daß ich dabei war, mir die Wächterin des Tempels der Gelehrsamkeit persönlich zu erobern, jenen strahlend hellen Ort, den sie mir vor so langer Zeit gewiesen hatte. Das Fehlen ihres Segens schien mir wie ein stillschweigender Fluch.

Hier muß ich schnell, wie einen dünnen Schlußstein, eine imaginäre Frau einfügen, der ich in einem abgelegenen Museum begegnete. Es war wiederum ein Universitätsmuseum, altehrwürdig, ausgedehnt und entschieden männlich, voll von zerbeulten Waffen und ausgegrabenem Ackergerät und langweiligen Grabungskarten. Sein gesamter Inhalt schien ein Staubwischen nötig zu haben und dann ein geschmackvolles Neuarrangieren von weiblicher Hand. Aber oben, in einem Nebenraum, entdeckte ich eines Tages unter einem glanzpolierten Glassturz die glatte kleine Statue einer nackten Schlafenden auf einer Matratze. Sie war ein delikater weißer Traum, eine Phantasie des achtzehnten Jahrhunderts; nur jenes Jahrhundert konnte auf die Idee kommen, eine Matratze in Marmor wiederzugeben. Zwar war nicht jedem Stich und jeder Naht die Würde des Steins zuteil geworden; doch die Ecken waren abgerundet, die Felder zwischen den Knöpfen zeigten sich in ihrer Plumpheit, und die Dellen des «Nachgebens» waren liebevoll geformt. Kurz, es war klar, die Frau lag behaglich, nicht auf irgendeiner Steinplatte oder hingeschlachtet auf einem Altar. Sie schlief, war nicht tot; der zarte Duft ihres

Schlummers schien durch das Glas hindurch-
zudringen. Sie hatte die Größe der kleinen,
verkrampften Figuren, die mich in meiner
Kindheit fasziniert hatten, und wie schon bei
ihnen verstärkte auch hier das Kleinsein die
Sinnlichkeit. Während ich sie in der ewigen
Zurückgezogenheit ihres Schlafs betrachtete
– die eine Hand geöffnet neben dem abge-
wandten Kopf, das eine Knie in einer leichten
Ahnung von Unruhe angewinkelt –, befiel
mich plötzlich eine vage Angst, das Gefühl
eines bevorstehenden Verlusts. Warum?
War nicht auch meine Frau schön, fein geformt und stumm? Vielleicht war es die Matratze, die mir diese ideale Frau so nahe
brachte, ein Floß, auf dem sie aus der unzu-
gänglichen Vergangenheit herausgetrieben
war und das sie, klein und unberührbar wie
ein Gedanke, an die Küste der Insel meiner
begrenzten Gegenwart brachte. Wie aus
einer Zwillingsverzauberung schienen wir
einander zu entlassen. War nicht mein riesi-
ges Gesicht der bedrückende Traum, der sie
sich rühren ließ? Und war nicht ich, trotz der
Tausende, die dies Museum besucht hatten,
der erste, der sie hier schlafend fand? In Museen suchen wir das Gegenteil von dem, was
wir in der Kirche finden wollen – das tröst-

liche Gefühl früherer Besuche. Vielmehr suchen wir in Museen das Unberührte, das Nie-zuvor-Entdeckte; und es ist gerade diese Unauffindbarkeit, die uns hoffen und zurückkehren läßt.

Noch zwei, zwei von jedem, und alle namenlos. Sie haben keine Namen. Museen sind am Ende namenlos und setzen sich fort; wir biegen im Louvre um eine Ecke und treffen auf den Kopf einer Sphinx, deren Körper in Boston ausgestellt ist. Ebenso sind Frauen herausgebrochene Segmente aus einem einzigen Bogen.

Sie war die Freundin eines Freundes, und sie und ich hatten mit dem gemeinsamen Freund zu Mittag gegessen, ihn verabschiedet und gingen nun, da wir beide den Nachmittag in New York zur freien Verfügung hatten, miteinander in ein Museum. Es war neu, erst kürzlich nach den Plänen eines gerade verstorbenen amerikanischen Hexenmeisters vollendet. Es hatte die Form eines gestutzten Kreisels, und sein Fußboden war eine Spirale um einen hochmütigen Kern aus senkrechtem leerem Raum. Von den geneigten glänzenden Wänden sprangen ungeheure Rechtecke aus zerrissener, mit Farbe bespritzter Leinwand an dünnen Armen aus gebogenem Rohr in den Raum. Als bedrohliche Vergrößerungen von Unfällen der Textur mußten sie eigentlich aus größerer Entfernung betrachtet werden, als die Architektur zuließ. Die Breite der Galerie war durch ein ziemlich schmales und niedriges Betonmäuerchen begrenzt, das einen Sturz in die Kathedraltiefe darunter eher herausforderte als entmutigte. Zu ehrfürchtig, um zu spotten, und zu schwindelig, um zu urteilen, folgten meine Begleiterin und ich gehorsam dem Weg abwärts, über die spiralige Rampe ohne Ausgang, im Bann des Hexenmeisters. Als sie benommen von einem besonders explosiven Gemälde zurücktrat, fielen ihre hohen Absätze auf die Neigung des Bodens herein, und sie stolperte gegen mich und griff nach meinem Arm. Farbsuppen spritzten auf einer Seite; die Sirenenkluft rief auf der anderen. Die Frau fand sicheren Stand, ließ meinen Arm jedoch nicht los. Ich blickte geradeaus, inhalierte den Duft von Parfum und fühlte mich wie ein Bergsteiger, dessen Begleiterin am steilsten Abschnitt in Panik geraten ist. Ich überließ meinen Arm ihrem Griff, und so gesichert stiegen wir behutsam das restliche Stück Museum hinab. Erst als unsere Füße die Sicherheit des Straßenniveaus erreicht hatten, waren wir wieder frei. Unsere Körper trennten sich und berührten sich nicht wieder. Doch der Bann war nur unzulänglich gebrochen, wie die Tür zu einer Grabkammer, die, einmal entsiegelt, nie wieder richtig geschlossen werden kann.

Auf der gleichen Avenue, nicht viel weiter unten, gibt es ein Museum, das einst eine Stadtvilla war und immer noch bewohnbar wirkt, sofern man sich Leute vorstellen kann, die genug Selbstbewußtsein besitzen, um zwischen Wänden übervoll von Meisterwerken zu wohnen, aus Suppenschüsseln von Cellini zu essen und anschließend selbstzufrieden ihre Körper auf Möbeln auszuruhen, die mit dem Blut von Weltreichen erkauft wurden. Früher gab es Menschen mit diesem Selbstvertrauen, und am Tage meines Besuchs war ich einer von ihnen, denn die Frau, mit der ich dort war, und ich waren gründlich ineinander verliebt. Wir kamen vom Liebesspiel und wollten auch wieder dorthin zurück, und das Museum, das wir besuchten zwischen Verflüchtigen und Neuentstehen der Begierde, war wie eine Brücke, deren Enden sich in Nebel aufgelöst hatten – ihre Spannweite ein Wunder, ihr Zweck nur erinnerbar am Gemurmel des Stroms, der in der Tiefe der unsichtbaren Schlucht dahinfließt. Unbehaust hatten wir ein Haus gefunden, das unser würdig war. Wir schienen die Gastgeber zu sein; sicher waren wir vorher schon einmal über diese persischen Teppiche gegangen, hatten diese Amphore mit einem prüfenden Blick taxiert, über die Aufstellung jenes Marmortischs debattiert, dessen Adern wie sanft anrollendes Aquamarin schäumten. Die Sensibilität dieser Frau paßte mehr zu einer Innenarchitektin als zu einer Kunststudentin. Durch sie erfuhr ich, wie Möbel sich zu einer Welt vergoldeter Schnörkel, gebürsteter Stoffe, polierter Oberflächen, sorgfältiger Einlegearbeiten entfalteten und zu gleißenden Kadenzen aus Linien und Kurven, liebevoll geformt von Männerhänden, die von der Erinnerung an Frauenkörper heimgesucht waren. Ihr Körper neben mir, den ich auf einer Matratze hatte schlafen sehen, schien Kleidung wie einen unnötigen Luxus zu tragen, wie eine Extravaganz, denn er war, wie auch das Museum, unbezahlbar und kostenlos. Wir betraten einen Saal nach dem andern und nahmen ihn in Besitz. Ein umherstreifender Blick, ein gemeinsames Lächeln reichten aus, um unseren Anspruch zu sichern. Einmal sagte sie, vor einer Truhe, deren Felder mit kindlichen Cherubim nach Boucher bemalt waren, daß sie sie nicht besonders «attraktiv» fände, dabei zog sie besorgt die Brauen zusammen. Dieses eine Wort erfreute mich wie das erste mehrsilbige Wort aus dem Munde einer Tochter. In diesem Museum war ich sozusagen der Führer; ich war es, der die Stimmungen benennen und sagen konnte, was sie wert waren. Ihr Stummsein war nicht Zurückhaltung, sondern Erwartung; sie und das Museum waren völlig offen und füreinander durchsichtig. Als wir an einem dunkelroten Gobelin vorbeigingen, verschmolz darin das ähnliche Rot ihres schulterfreien Sommerkleids, so daß ihr Kopf und die Schultern wie eine Büste hervortraten. Die Stoffe eines jeden überbordenden Saales verschworen sich, um ihr zu schmeicheln, um mit farbig reflektierten Schatten die scheue Modellierung ihres Gesichts hervorzulocken, um mit kostbaren Texturen ihre keusche Haut zu akzentuieren. Daß ich wußte, wie sie im Schlaf aussah, verlieh ihrem aufmerksamen Wachsein eine zärtliche Schläfrigkeit. Meine Frau, die ich ganz durchforscht, und mein Museum, das ich ganz besessen hatte: wegen dieses durchsichtigen Augenblicks – gleich jenem Augenblick der Transparenz einer Woge zwischen ihrer höchsten Höhe und ihrem Umkippen in die Tiefe – war ich bis an die Grenzen des Unerforschlichen vorgedrungen. Von dieser grandiosen Grenze war kein Rückzug vorstellbar.

Zum letztenmal sah ich diese Frau in einem anderen Museum, wo sie eine Stelle angenommen hatte. Ich fand sie in einem kleinen Büro mit verblichenen Büchern und Zeitschriften, und ihr Gesicht, als sie überrascht aufsah, war ebenfalls bleich. Sie nahm mich mit in die Korridore und zeigte mir die Möbel, die sie zu katalogisieren hatte. Als wir den letzten Raum ihres Spezialgebiets erreicht hatten und ihr munterer Tatsachen-Vortrag zu Ende war, fragte sie mich: «Warum bist du gekommen? Um mich aus der Fassung zu bringen?»

«Ich will dich nicht aus der Fassung bringen. Ich wollte nur sehen, ob es dir gut geht.»

«Es geht mir gut. Bitte, William. Falls noch irgend etwas da ist von dem, was du für mich gefühlt hast, dann laß mich in Ruhe. Komm nicht, um mich zu verspotten.»

«Tut mir leid. Für mich ist es kein Spott.»

Ihr Kinn rötete sich, und ihre Augenränder färbten sich rosa, als Tränen in ihr hochstiegen. Unsere Körper drängten nach Tröstung, aber jeden Augenblick konnte wer weiß wer – ein Professor, eine Nonne – den Raum betreten. «Weißt du», sagte sie, «mit uns ist es wirklich aus.» Ein Schluchzer ließ ihren Kopf sinken und echote von den polierten Furnieren ringsum zurück.

«Ich weiß. Ich weiß, es ist aus.»

Sie sah zu mir hoch, der Ärger in ihren Augen verschwamm. «Warum dann –?»

Ich zuckte die Schultern. «Feigheit. Ich war immer schon feige. Vielleicht auch Pflichtbewußtsein. Ich weiß es nicht. Ich kann es ihr nicht antun. Noch nicht.»

«Noch nicht», sagte sie. «Das ist dein kleiner Spruch, nicht wahr? Das ist der kleine nette Spruch, den du mir immer aufgesagt hast.»

«Wär dir denn der Spruch ‹überhaupt nicht, nie› lieber gewesen? Das wäre gar kein Spruch gewesen.»

Mit zwei behutsamen Bewegungen ihrer Finger wischte sie, als würde sie ihr eigenes Gesicht modellieren, die Tränen unter den Augen fort. «Es ist mein Fehler. Es ist mein Fehler, weil ich mich in dich verliebt habe. So merkwürdig es klingt, aber das war unfair dir gegenüber.»

«Laß uns weitergehen», sagte ich.

Blind für all die Schönheit ringsum, gingen wir durch die Hallen voller Gemälde und Statuen und Urnen. Unsichtbar plätscherte ein Brunnen irgendwo zu unserer Linken. Durch eine Tür warf ich einen flüchtigen Blick auf die kopflose, immer noch stolze Sphinx, deren breite Brust immer noch leuchtete.

«Nein, es ist mein Fehler», sagte ich. «Ich war nicht imstande, dich zu lieben. Ich vermute, ich bin es nie gewesen.» Ihre Augen wurden vorlaut, und ihre Sommersprossen traten kindlich hervor, als sie, wie um mich zu trösten, lächelte.

Doch was sie sagte, war nicht tröstlich. «Nun, tu es einfach keiner anderen mehr an.»

«Mädchen, es gibt keine andere. Du bist alles. Du hast keine Vorstellung, wie schön du bist.»

«Du hast es mich damals glauben lassen. Dafür bin ich dir dankbar.»

«Und für nichts anderes?»

«O doch, für eine Menge. Du hast mich ins Museum gebracht. Das macht Spaß.»

«Du hast bloß deshalb hier angefangen, um mir zu gefallen?»

«Ja.»

«Mein Gott, es ist schrecklich, etwas zu lieben, das man nicht haben kann. Aber vielleicht liebt man es gerade deshalb.»

«Nein, das glaube ich nicht. Ich glaube eher, das ist nur bei dir so. Aber so ist es nicht bei allen.»

«Nun, vielleicht wird einer von den anderen dich jetzt finden.»

«Nein. Du warst es. Du hast etwas in mir gesehen, das niemand anders je in mir sah. Nicht einmal ich selbst. Jetzt geh, wenn du mich nicht noch einmal weinen sehen willst.»

Wir gingen auseinander, und ich stieg Marmorstufen hinab. Ehe ich durch die Drehtür ging, blickte ich zurück, und mir fiel auf, daß in einem Museum nichts so prächtig ist wie der Eingang — das unerwartete Gewölbe, die wohlgestalten Gesimse, der reglose Wächter in Uniform, ein schlau verkleideter Erzengel, die breiten Treppen, die in weiß der Himmel welche Behausungen erwartungsvoll schweigender Schätze führen. Und da war mir, als wäre ich jetzt dazu verdammt, auf der Suche nach dem Glanz, der eben hinter mir erloschen war, immer neue Museen zu besuchen und bei jedem neuen Eintreten ein bißchen weniger begeistert zu sein, und jedesmal ein bißchen schneller entzaubert von den vertrauten Inhalten hinter der Schwelle.

Der verwaiste
Swimmingpool

Gleich chemischen Verbindungen geben
Ehen bei ihrer Auflösung kleine Mengen
Energie frei, die zuvor gebunden war. Da ist
das Klavier, das niemand will, der Cocker-
spaniel, um den sich keiner kümmern kann.
Regale voller Bücher entpuppen sich plötzlich als lästig überholt, es scheint unwahr-
scheinlich, daß sie je wieder gelesen werden,
tatsächlich vermag man sich nur schwer zu
erinnern, wer sie überhaupt gelesen hat. Und
was ist mit den alten Skiern auf dem Boden?
Oder der Puppenstube im Keller, die darauf
wartet, repariert zu werden? Das Klavier ver-
stimmt sich, der Hund dreht durch. In jenem
Sommer, als die Turners sich scheiden ließen,
hatte ihr Swimmingpool weder Herrn noch
Herrin, obwohl die Sonne Tag für Tag
brannte und Connecticut zum Dürregebiet
erklärt wurde.

Der Pool war noch jung, erst zwei Jahre
alt, von jenem verletzlichen Typ, bei dem Pla-
stikfolien nebeneinander in ein sorgfältig
ausgebaggertes Erdloch gelegt werden. Wäh-

rend der Erdarbeiten sah der Garten neben dem Haus der Turners infernalisch aus. Ein Bulldozer versank im Schlamm und mußte von einem anderen freigeschleppt werden. Aber bis zum Hochsommer sproß das neue Gras, die Fliesen ringsherum waren an ihrem Platz, der blaue Kunststoff färbte das Wasser himmelblau, und man mußte zugeben, daß die Turners wieder vorn lagen. Sie waren ihren Freunden immer ein Stück voraus. Er war ein hochgewachsener Mann mit behaartem Rücken und langen Armen, die Nase vom Footballspielen breitgequetscht, der Gesichtsausdruck mürrisch von zuviel Blut; sie war eine feingliedrige Blondine mit trockenen blauen Augen und einem gewöhnlich leicht offenen Mund, die Lippen gespitzt, als sei sie im Begriff, eine besorgte oder launische Frage zu stellen. Nie schienen sie glücklicher, nie schien ihre Ehe gesünder zu sein als in jenen beiden Sommern. Sie wurden braun, geschmeidig und glatt vom Schwimmen. Ted begann den Tag mit Schwimmen, ehe er sich ankleidete, um den Zug zu erreichen, und Linda hielt den Tag über hof zwischen nassen Matronen und Kindern. Wenn Ted dann von der Arbeit nach Hause kam, fand er am Pool eine Cocktailparty vor, und das Paar pflegte den Tag erst um Mitternacht, wenn die letzten Freunde gegangen waren, zu beenden, indem es vor dem Zubettgehen nackt badete. Welche Ekstasen! Im Dunkeln schien das Wasser mild wie Milch und tragend wie Helium, und die Schwimmenden wurden zu Riesen, die mit einer einzigen trägen Bewegung von einem Beckenrand zum anderen glitten.

Im folgenden Mai wurde das Wasser wie üblich eingelassen, und die üblichen Nach-der-Schule-Grüppchen von Müttern und Kindern versammelten sich, Linda blieb jedoch, was gar nicht zu ihr paßte, im Haus. Dort konnte man sie von Zimmer zu Zimmer gehen hören, aber sie kam nicht mehr wie in den vergangenen Sommern mit einem fröhlichen Eis-Tablett und einem Armvoll Flaschen, Triskuits und Limonade für die Kinder zum Vorschein. Ihre Freunde fühlten sich weniger wohl, wenn sie, Handtuch in der Hand, am Wochenende bei den Turners erschienen. Obwohl Linda etwas schlanker wirkte und elegant aussah und Ted immer sehr jovial tat, umgab sie andeutungsweise jene Aura von Schlaflosigkeit und Unbeholfenheit eines Paares, das Probleme hat. Dann, einen Tag nach Schulschluß, floh

Linda mit den Kindern zu ihren Eltern nach Ohio. Ted blieb abends in der Stadt, und der Pool war verlassen. Obwohl die Pumpe, die das Wasser durch den Filter sog, im Fliedergebüsch weitertuckerte, bekam der himmelblaue Pool Wolken. Die Körper toter Schmeißfliegen und Wespen befleckten die glatte Oberfläche. Ein gepunkteter Plastikball trieb in eine Ecke neben dem Sprungbrett und blieb dort liegen. Zwischen den Fliesen wuchs das Gras. Auf der Glasplatte eines Tisches am Beckenrand hatte eine Dose Insektenspray ihren Druck verloren, und in einem Gin-und-Tonic-Glas lag ein welkes Blatt Minze. Trostlos und gespenstisch wie eine tote Dschungelquelle sah der Pool aus, giftig und geniert. Der Briefträger, der überfällige Rechnungen und Aufforderungen zum Kauf von Pornographie in den Briefkasten stopfte, wandte taktvoll den Blick ab.

An einigen Juni-Wochenenden kam Ted verstohlen aus der Stadt herüber. Familien auf der Fahrt zur Kirche sahen ihn kurz, wie er trübsinnig chemische Substanzen in den Pool sprühte. Er sah bleich und dünn aus. Er zeigte Roscoe Chace, seinem Nachbarn zur Linken, wie man die Pumpe anstellte und den Filter auswechselte, und wieviel Chlor und

Algitrol jede Woche hinzugegeben werden mußten. Er erklärte, er würde es nicht schaffen, jedes Wochenende zu kommen – als ob die Entfernung, die er jahrelang zweimal täglich zurückgelegt hatte, rein nach New York und raus aus New York, ein allzu steiler Abstieg in die Vergangenheit geworden wäre. Linda, ließ er sich vage vernehmen, hatte ihre Eltern in Akron verlassen und war nun bei ihrer Schwester in Minneapolis zu Besuch. Allmählich ließ der Schock über das gleichzeitige Verschwinden der Turners nach, und der Pool wirkte weniger gespenstisch und abweisend. Die Kinder der Murtaughs – eine rauflustige, vielköpfige Familie, Nachbarn der Turners zur Rechten – begannen ihn ohne Aufsicht zu benutzen. Nun tauchten auch Lindas alte Freundinnen mit ihren Kindern wieder auf, «um die Murtaughs davon abzuhalten, sich gegenseitig zu ertränken». Denn falls einem der Murtaughs irgend etwas zustieße, würden die armen Turners (das Adjektiv kam schon automatisch) auch noch für alles haftbar gemacht werden, gerade jetzt, wo sie es sich am wenigsten leisten konnten. So wurde es geradezu eine Pflicht, eine Art Loyalitätstest, den Pool zu benutzen.

Der Juli war der heißeste seit siebenundzwanzig Jahren. Die Leute brachten ihre Gartenmöbel in Kombiwagen herüber und stellten sie auf. Der eigene Nachwuchs im Teenager-Alter und Schweizer Au-pair-Mädchen wurden zu Bademeistern bestimmt. In der Garage fand man ein zusammengerolltes Nylonseil mit Schwimmkorken, das den flachen vom tiefen Teil des Beckens abtrennen sollte, und es wurde wieder installiert. Agnes Kleefield steuerte einen alten Kühlschrank bei, der an eine Steckdose über Teds Kellerwerkbank angeschlossen wurde, so daß man Eis, Bitter und Limonade bereithalten konnte. Ein Schuhkarton mit Wechselgeld auf Treu und Glauben stand alsbald daneben, und eine Art Fundbüro – eine stattliche Sammlung vergessener Sonnenbrillen, Schwimmflossen, Handtücher, Sonnenöle, Taschentücher, Hemden, sogar Unterwäsche – entstand auf der Seitentreppe zum Turnerschen Haus. Wenn man in jenem Juli sagte: «Ich seh dich am Pool», meinte man nicht das öffentliche Schwimmbad hinter dem Einkaufszentrum oder den Country Club Pool neben dem ersten Abschlag. Man meinte den der Turners. Eintrittsbeschränkungen waren kaum taktvoll durchzusetzen. Ein Methodistenbischof auf Besuch, zwei

Wirtschaftswissenschaftler aus Taiwan, eine ganze Mädchen-Softballmannschaft aus Darien, ein kanadischer Dichter von Rang, der Meister im Bogenschießen aus Hartford, sechs Mitglieder der schwarzen Rockgruppe *The Good Intentions*, eine frühere Geliebte von Ali Khan, die lavendelhaarige Schwiegermutter eines Nixon-Beraters, der beinahe Ministerrang hatte, ein Säugling von sechs Wochen, ein Mann, der am nächsten Tag auf der Merritt Parkway tödlich verunglückte, ein Filipino, der achtzig Sekunden auf dem Grund des Bassins aushalten konnte, zwei Texaner, die die Zigarren im Mund und ihre Hüte auf dem Kopf behielten, drei Telegraphenarbeiter, vier expatriierte Tschechen, ein maoistischer Student von einem Methodistencollege und der Briefträger – alle schwammen sie als Gäste im Pool der Turners, wenn auch nicht gleichzeitig. Abends, wenn der Tagesandrang verebbt und der Schuhkarton in den Kühlschrank zurückgestellt war und das letzte Au-pair-Mädchen das letzte Kind mit Gänsehaut zum Abendessen nach Hause gebracht hatte, gab es eine neue Flut nächtlicher Aktivitäten, Rendezvous (am berüchtigtsten die der Mrs. Kleefield mit dem Nicholson-Jungen) und, wie es einige übertrieben theatralisch nannten, Orgien. Wahr ist, daß spätes Geplansche und erregtes Gelächter Mrs. Chace öfter am Einschlafen hinderten, und daß die Murtaugh-Kinder viele Stunden mit Ferngläsern an den Bodenfenstern zubrachten. Und es gab den Beweis der liegengebliebenen Unterwäsche.

An einem Samstag Anfang August fanden die morgendlichen Besucher ein unbekanntes Auto mit New Yorker Nummer in der Garage geparkt. Aber Autos jeder Art waren so vertraut – das Durcheinander der geparkten Wagen reichte oft bis auf die Straße –, daß sie nicht weiter darüber nachdachten, auch dann nicht, als jemand bemerkte, daß im oberen Stockwerk die Schlafzimmerfenster offenstanden. Und nichts geschah, außer daß zur Abendbrotzeit, in der Flaute, ehe die abendliche Meute mit Macht hereinbrach, Ted und eine unbekannte Frau vom gleichen Typ wie Linda, nur brünett, von der Küchentür zum Wagen eilten, einstiegen und zurück nach New York fuhren. Die wenigen noch herumlungernden Babysitter und Playboys bekamen so unwissentlich die Ursache der Scheidung zu Gesicht. Die beiden Liebenden waren den ganzen Tag im Haus gefangen gewesen; Ted fürchtete juristische Konsequenzen, falls irgend jemand sie sah und Linda davon berichtete. Die Unterhaltsverhandlungen waren gerade an einem kritischen Punkt, nur panische Angst vor Lindas Rechtsanwalt hatte Ted dazu gebracht, seine Entrüstung zu unterdrücken, als er hinter der Fensterscheibe mit ansehen mußte, wie aus seinem Privatpool ein öffentliches Volksfest wurde. Noch lange Zeit danach erinnerte er sich, obwohl er schließlich die Frau nicht heiratete, an jenen Tag, als sie wie Flüchtlinge in einer Höhle saßen, von Liebe und Eiswasser lebten, barfuß auf Zehenspitzen zu den leeren Vorratsschränken schlichen, die sie, weil sie abends spät angekommen waren, am nächsten Morgen aufzufüllen hofften. Doch sie hatten nicht mit dem Überfall der Eindringlinge gerechnet, der sie ans Haus fesseln würde. Ihr Haar, erinnerte er sich, hatte seine Schulter gekitzelt, als sie hinter ihm ans Fenster getreten war. Durch den wütenden Pulsschlag seines eigenen Blutes hatte er ihren schlanken Körper gespürt und wie sie den Atem anhielt, um nicht loszukichern.

Der August hielt mit wolkigen Tagen Einzug. Die Kinder waren des Schwimmens überdrüssig. Roscoe Chace machte Urlaub in Italien, die Pumpe ging kaputt, und niemand reparierte sie. Tote Libellen sammelten sich auf der Wasseroberfläche. Kröten, die sich täuschen ließen, hüpften hinein und schwammen hoffnungslos im Kreis. Schließlich kam Linda zurück. Von Minneapolis war sie wegen der Scheidung für sechs Wochen nach Idaho gefahren. Sie und die Kinder hatten verbrannte Gesichter vom Reiten und Wandern, ihre Lippen wirkten noch trockener und noch spöttischer als sonst, immer noch schienen sie im Begriff, jene quälende Frage zu stellen. Sie stand am Fenster, in ihrem Haus, dem schon die Möbel zu fehlen schienen, am selben Fenster, wo die Liebenden sich geduckt hatten, und betrachtete den verlassenen Pool. Das Gras ringsum war grün vom Planschen, ausgenommen die Stelle, wo lange ein Handtuch gelegen und ein Rechteck niedergedrückt und braun gelassen hatte. Alumöbel, die sie nicht kannte, lagen zerbrochen herum. Unter dem Glastisch zählte sie ein Dutzend Flaschen. Das Nylonseil hatte sich geteilt, und seine Hälften trieben mal hierhin, mal dorthin. Der blaue Kunststoff unter dem farblosen Wasser versuchte, eine fröhliche Botschaft aus einer anderen Welt zu vermitteln, aber Linda sah, daß der Pool in Wirklichkeit keinen Boden hatte, er enthielt nur bodenlosen Verlust, eine riesige blaue Träne. Gott sei Dank war niemand darin ertrunken. Außer ihr. Sie sah, daß sie nie wieder hier leben könnte. Im September wurde das Haus verkauft, an eine Familie mit tapsigen Kleinkindern. Aus Sicherheitsgründen legten sie nicht nur den Pool trocken, sondern deckten ihn auch mit Eisenröhren und schwerem Maschendraht ab, und ringsum stellten sie Warnschilder auf wie vor einem angeketteten Hund.

Als alle schwanger waren

Ich bin Versicherungsvertreter, aber ich lese viel im Zug.

Las gestern, daß die Fünfziger wiederkommen. Während der gesamten Sechziger haben die Schriftsteller sie schlechtgemacht: Eisenhower, Lester Lanin, knielange Röcke, jawohl. Also, wie sich herausstellt, Eisenhower war ein großer Nicht-Kriegs-Präsident. Rock 'n' Roll ist tot. Die Rocksäume sind bis zum Knöchel gefallen. Aber *meine* Fünfziger kommen nicht zurück.

Freundliche Jahre für mich. Betrat sie arm und verließ sie wohlhabend. Betrat sie keusch und verließ sie als Vater. Von vieren und einer Fehlgeburt. Die Jahre, als alle schwanger waren. Nicht nur freundliche, sondern schöne Jahre.

Wie sie über den Sand schwebten! Wie wogende Segel. Meine Frau und die Frauen unserer Freunde. Shakespeare, Titania zu Oberon: «Und lachten, wenn vom üpp'gen Spiel des Windes / Der Segel schwangrer Leib zu schwellen schien.» Die schwangeren jun-

45

gen Frauen in ihren ausgeblichenen karierten Schwangerschaftsbadeanzügen. Hinter ihnen zottelten die bereits geborenen Tapse her. Kleine Beiboote. Zog dann '54 in eine Stadt mit Strand: meine erste Beförderung, Nancys zweites Kind.

Kamen am Wasser entlang, Köpfe höher als der Horizont. Der Horizont blau, funkelnd, herb. Proust und die «kleine Schar» in Balbec. Aber voller in Blüte als jene, Bäuche prächtig geschwollen. Gesichter und Glieder mit Sommersprossen in jeder Höhlung, poliert das Rund der Schultern, die Nasenspitze. Sonnenverbrannte Nasenflügel, pellten sich. Licht in ihren Augen stahl das Glitzern vom fernen harten Rand des Meeres. Wo ein paar Segel sich zeigten, schräg, flatternd.

Sie kamen dann zu uns herauf, um bei uns zu sein. Gelächter, Alu-Stühle, Handtücher, Kindersonnenhüte, Babynahrungsgläser. Thermoskannen gluckerten in den Strohtaschen. Über mir hoben sich Rocksäume von Umstandskleidern im Wind, legten Locken vom Schamhaar bloß innen an den Schenkeln. Krank machende Liebesgefühle. Sandgewärmter Wind wehte uns kühl aus der Zukunft entgegen.

Sie setzten sich zu uns, bildeten einen Kreis. Ihre Köpfe zusammen, Klatsch und Tratsch, die nackten Beine wie Radspeichen. Am Rand Kinder mit Sandeimern, alle zu Füßen der eigenen Mutter buddelnd. Der Sand dunkler, je tiefer sie gruben. Der Milchgeruch der Sonnenschutzmittel. Die Art, wie unsere Worte hoch und hinaus wehten: wie umherfliegendes Butterbrotpapier.

Katharine, Sarah, Liz, Peggy, Angela, June. Noten einer Tonleiter, Farben eines Regenbogens. Nancy war die siebte. Jetzt in den Siebzigern sind zwei umgezogen. Nach Denver, nach Birmingham. Zwei sind geschieden. Zwei noch unter uns mitsamt den Ehemännern. Aber alle sind fort, haben sich zurückgezogen. Kann nie wieder betreten werden, jene Zeit, als alle unschuldig schwanger waren.

Unschuldig. Unsere dicken Wagen in den Fünfzigern, wie wir sie geliebt, wie wir sie hochgejagt haben: kein Gedanke an Umweltverschmutzung. Auspuffqualm, Zigarettenqualm, Fabrikqualm, alles romantisch. Die Romantik des Konsums auf ihrem Höhepunkt. Babykost im protzigen Supermarkt einkaufen. Kaufkraft: jung, plötzlich mächtig, geboren zum Konsum. Gierig zu zeugen. Die selbstgefällige Gewißheit, daß die Welt zum Untergang verdammt war. Hinter dem blitzenden Horizont ein absoluter Feind. Über uns Bomben, deren Blitz die Szene ausfüllen würde wie eine Tasse, bis sie überfließt.

Alte Dias. Junes Mann besaß eine Kodak mit Blitzgerät (damals hatte niemand eine japanische Kamera). Wie jung wir waren. Die Männer dürr wie Jungen. Lächerlich militärische Haarschnitte: der Erbshirn-Look. Die Frauen mit Ponies und Lippenstiftlächeln. Wir sehen betrunken aus. Manchmal waren wir's.

Arbeit, Häuser, eigene Gattinnen. Erlaubnis zu trinken und Windeln zu wechseln und Rasenmäher zu bedienen und bis nach Mitternacht aufzubleiben. Im College durfte Nancy in den oberen Zimmern nicht rauchen, bei uns im Haus zwang sie sich dazu. Wie eine sexuelle Praxis, die man persönlich ablehnt, die aber von van der Velde empfohlen wird. Entsetzliche Freiheit. War damals Mode, der Satz.

Hatten wir erwartet, während der Depression zu hungern? Von Japsen mit dem Bajonett erledigt zu werden, wenn sie in Kalifornien einfielen? Korea schien das beste Geschäft, das wir abschließen konnten: die größten Supermächte, die taktvoll im fernen Schlamm aufeinandertrafen. Die Gänsehaut der Welt zitterte, aber hielt. Dann kam Eisenhower und verschaffte uns einen wackligen Frieden und einen träge sich erholenden Markt und eine (widerrufbare) Erlaubnis, Spaß zu haben und Babies zu machen. Sah die Welt durch zwei Gläser, die seither abgelegt sind: Angst und Dankbarkeit. Heute sind junge Menschen vieles, aber sie sind weder ängstlich noch dankbar.

Jene Sommerparties. Sollte mich genauer an sie erinnern. Sonnenlicht im Gin, der Zweig verwelkender Minze. Der Geruch von frisch gemähtem Gras, der durch die abendlichen Fenstergitter drang. Kinder liefen ein und aus mit Beschwerden, die ihre Mütter wie Zigarettenrauch beiseite wedelten. Was haben wir geredet? Die Worte, die wir sprachen, waren Unsinn, nur der Atem, den wir holten, um sie sagen zu können, war Leben – wir lebendig, potent.

Katharines Mann Jerry hatte nur ein Auge, das andere durch einen Unfall in der Kindheit milchig. Tat niemandem leid, zu gesund, zu aufrichtig, er. Geborener Verkäufer. Sagt er hinüber zu Sarah Harris, sie, schwanger in einem großgeblümten Kleid, sitzt träumend in einem feudalen Ohrensessel: «Sarah, wie du da sitzt, siehst du aus wie ein großes wollüstiges Stück Tapete!» Ich dachte, *hat nur ein Auge, alles sieht für ihn flach aus.* Krank machende Liebesgefühle.

Jahre später sagte ich zu Sarah: «Du wollüstiges Stück Tapete, du», aber sie hatte es vergessen, und ich mußte es ihr erklären.

Ein anderer Abend, mein Platter in der Auffahrt der Connelleys. Frisch aufgeschütteter Kies, spitzer Kupfersandstein. Zwei Uhr morgens. Ed kam aus seinem Keller, hielt einen Kreuzschlüssel wie ein Kruzifix empor und sang dazu *Veni Creator Spiritus.* Hat mich schockiert. Meine Fußstapfen auf dem Kies, knirsch, knirsch. Ein Ungeheuer kommt näher. Die meisten von uns schickten die Kinder wenigstens in die Sonntagsschule.

Tanzen. Händedrücken. Mondscheinlieder, *Smoke Gets in Your Eyes.* Alles unschuldig wie nur was. Der Anprall von schwangeren Bäuchen gegen meinen. Abwechselnd unsere Namen in den Geburtsanzeigen der Lokalzeitung sehen, Witz für Eingeweihte. Krankenhausbesuche, Nächte ohne Frauen.

Damals, als unser viertes Kind geboren wurde, Abend nach dem ersten Wintersturm. Gynäkologe auf dem Weg ins Krankenhaus machte ihretwegen mit dem Auto einen Umweg. Hatte gerade seine Praxis eröffnet, hübscher Mann mit Skimütze. Auf der blendendweißen leeren Straße unter unserem Fenster sah er aus wie ein Liebhaber, der Kieselsteine wirft. Ihre Wehen jetzt alle drei Minuten, ihr kleiner Koffer, eilig von Zimmer zu Zimmer die schlafenden Kinder küssen. Gynäkologe wartet, Gesicht emporgewandt im Mondschein, in der Stille. Ein Liebhaber, der heult wie ein Wolf.

Weil mich der knarrende Wind nervös machte, schlief ich ein oder zwei Nächte mit einem Golfschläger im Bett. Ich glaube, ein siebener Eisen. Stellte mir vor, damit einen Einbrecher besser zu treffen als mit einem Holzschläger.

Die Zeit, als Sarah bei mir war. Nancy im Krankenhaus mit Krampfadern. Diagnose: keine weiteren Babies. Unser jüngstes Baby schrie. Sarah stand auf und bemutterte es. Kind beruhigte sich, lachte, wußte, irgend etwas stimmte nicht, dachte vielleicht, Sarah sei Nancy, die Fratzen schnitt, so tat, als ob. Der gleiche Duft, Frauenduft, die gleiche

Sicherheit. Fenstergitter-Mondlicht auf Sarahs nackten Schultern, über die Wiege gebeugt. Baby gluckste und lachte. «Verrücktes Kind hast du hier.» Zu viel Liebe. Zu viele Babies, die in dem dunklen Haus atmeten wie Suchlichter, die jederzeit aufflammen könnten.

Sarahs schöne breite Schultern, breite Hüften, Brüste flach und fest. Als ich sie das erste Mal erblickte, brach es aus mir hervor, sie hätte Brüste wie eine griechische Statue. Sie lachte und sagte, ich läse zuviel. Aber es war aus mir hervorgebrochen.

Das Ritual, Nancys Haarnadeln eine nach der anderen herauszuziehen, ehe wir uns liebten. Regen auf dem Dach. Fünfziger, ein häusliches Jahrzehnt, ging niemals raus auf die Straße. Kuba, Sputnik, Tibet. Regen auf dem Dach.

Die braune Linie auf dem Bauch, die eine Frau nach der Entbindung aus dem Krankenhaus mitbringt. Niemand hatte mir je erzählt, daß es diese Linie gibt. Warum eigentlich nicht?

Die Babies wurden größer. Die Parties wilder. Das eine Mal am Strand, Sonnenwendfeier mit Tanzerei, heißer Sommer, könnte 1960 gewesen sein. Wir zogen unsere Kleider aus und schwammen. Angstmachende Wellen, starker Mond, konnte sehen, daß die Frauen älter geworden waren. Schlaffe Bäuche, Knie und Gesichter voller Schatten. Sie benutzten ihre langen Tanzkleider aus Tüll als Handtücher, schlangen sie sich wie Sarongs um den Leib. Jenseits des Meeres Aufstände. Attentate, Proteste. Eine Dekade überfälliger Rechnungen häufte sich an wie Brandungsdonner auf einer Sandbank. Wir waren nicht mehr jung. Verwirrt. Griffen nach unserer Unterwäsche und unseren Schuhen. Trotzdem der warme sandige Kuß des Windes, seewärts, sogar nachts.

Ich mache mir im Zug ein paar Notizen. Meine Hand zittert. Meine Stadt zieht vorbei, die anderen gemütlichen kleinen Städte, die Weiden und die Ausblicke aufs Meer, ein einsam galoppierendes Pferd, ein Golfplatz mit einem in der Dämmerung eingefrorenen Viererspiel auf dem Grün, tau-weiß, und dann die noch kleineren Städte, die kleinen verdrossenen mit nur einem Hotel, schwarze Wände wie Fäuste gegen unsere Fenster erhoben, zerbrochene Fabrikfenster, eine verrostete Zugbrücke, die für immer auf *fast unten* hängenblieb, ein Materialhof mit

Kieselsteinen, die verschiedenen Größen in Pyramiden aufgeschüttet, eine schwelende Müllkippe, deren Abfälle mit der ganzen Farbskala von Juwelen protzen, dann die Metropole, wo die Gleise sich in blitzschnellen Berechnungen vervielfältigen, die im Dunst liegenden Wolkenkratzer, die die Beziehungen zueinander wechseln wie die Kirchtürme bei Proust, die Tunnel voller Reklame, die Station, groß und verlassen, der letzte Halt. Heute abend das gleiche, nur umgekehrt.

Aber nie langweilt mich, wie der Zug mitten hindurchfährt. Leicht rüttelnd. Über Bahnübergänge mit klingelnden Läutwerken, vorbei an Spielplätzen und Hinterhöfen, an Speichern, auf Stelzen gebaut, damit sie aufs Bahngelände paßten. Wie die Zeit. Schneidet schlafwandelnd durch alles hindurch.

Die Notizen führen zu nichts. Das Leben führt zu nichts. Leben eine gewöhnliche Aktie, die im Wert schwankt. Aber du kannst sie nicht verkaufen, du mußt sie halten, halten, bis sie auf Null herabgesunken ist. Die Großen verkaufen dich aus.

Edgar zum geblendeten Gloucester: Reife ist alles. Hab ich nie genau verstanden. Reife ist alles, was übrigbleibt? Oder tiefer und hoffnungsvoller, Reife ist alles, worauf es ankommt? Schließt alles ein, beantwortet alles, rechtfertigt alles. Reife ist Gott.

Heute: fahren unsere Babies unsere Autos, rauchen Hasch, rasieren sich, menstruieren, demonstrieren für den Frieden, essen makrobiotisch. Wunderbar in vieler Hinsicht, aber nicht in unserer, nie in unserer, wie wir jetzt sehen. Heute: gehen wir auf eine Party und sehen nur Feinde. Fünfzehn gemeinsam verbrachte Jahre haben uns mißtrauisch gemacht, überlebensbewußt. Sarah sieht weg. Ein paar Speichen des Rades fehlen. Unsere Babies klagen uns an.

Gab es die Fünfziger überhaupt? Wollüstige Tapete. Verrücktes Kind. Krank machende Liebesgefühle. Der Zug gleitet vorwärts. Die Jahrzehnte gleiten meerwärts, nehmen uns mit. Ich bin immer noch ängstlich. Immer noch dankbar.

Wie man Amerika gleichzeitig liebt und verläßt

Komm in irgendeiner Stadt gegen drei Uhr an, nachdem du seit sieben unterwegs gewesen bist, fahr auf der Hauptstraße, die zugleich die Route Nr. soundso ist, und laß über das Motel, in das ihr wollt, abstimmen. Deine Frau ist für einen diskreten Weg-von-der-Straße-Blick, aber nicht für Bungalows; die Kinder wollen einen Swimmingpool (unerläßlich), einen Farbfernseher (wünschenswert) und einen Flipper (Spaß). Schließ dich der Mehrheit an, fahr in die Einfahrt und geh zum Empfang. Deine Beine merkwürdig stelzig nach all dem Sitzen hinterm Steuer. Ein Aufkleber an der Tür besagt, der Laden wird von «den Plummers» betrieben, also ist dies hinter dem Tresen Mrs. Plummer. Um die Fünfundfünfzig, dichte Silberlocken mit Spuren von Kupfer, mütterliches Gesicht, bis auf die Blässe des Lippenstifts und die Schärfe des kurzen abschätzenden Blicks. In einer halben Sekunde hat sie dich durchschaut: Familienvater, kein Ärger. Süße robuste weise alte furchtsame Mrs. Plummer. Reich ihr deine Kreditkarte rüber. Schau ihr zu, wie sie mit der Karte umgeht: Mit genau dieser Bewegung haben sich die Leute früher in kleinen Apparaten ihre Zigaretten selbst gedreht. Nimm die kostbaren Schlüssel mit ihren rautenförmigen Plastikanhängern in Empfang. Denk an die Karriere von Motelbesitzern, die verkaufen, was nicht käuflich sein sollte – Rast für die Müden, Glück für die Analphabeten, Platz für die Lebenden. Fernseher und Telefon werden mitgeliefert, als Verbindungsfäden mit den unwirklichen Welten hinter uns, vor uns. Geborgenheit, der älteste Handelsartikel.

Nimm das Gepäck vom Autodach. Deine Beine bewegen sich immer noch merkwürdig. Die Kinder haben die Routine voll drauf: in drei Minuten rein ins Zimmer und wieder raus und ins Wasser. Du dagegen folgst eher mittelältlich-bedächtig, achtest darauf, beim Heraussuchen der Badesachen nicht den ganzen Koffer durcheinanderzubringen. Die Frau sieht phantastisch aus, wie sie einen Augenblick nackt ist, aber sie behauptet, sie hätte Kopfschmerzen nach so vielen Kilometern.

Warte, bis es die Kinder langweilt, herumzuschreien und herumzuspritzen. Dann wirkt der Pool kristallklar. Tank dich voll Sonne. Hör auf die Stadt. Du hast noch nie vorher von dieser Stadt gewußt: das ist wichtig. Andernfalls gäbe es Erwartungen und einen Plan. Das heißt nicht, daß die Stadt klein sein muß. Amerika verbirgt immense Dinge. Hier gibt es Tausende fleißige Seelen, die dich sowenig berühren wie einzelne Steine auf dem Mond. Sagen wir, die Stadt liegt in Kalifornien, auf der trocknen Seite der Sierras, aber ebensogut könnte sie in Iowa oder Kentucky oder Connecticut liegen. Aus dem Nichts heraus ist sie hierhergekommen. Höre. Die kleinen Wellen des Pools plätschern über den Fliesenrand in den Abflußrost. Der Verkehr auf der Route Nr. soundso vermißt dich nicht; er singt, seufzt, kreuzt, schleudert Menschenmassen vorbei, rauscht wie ein Fluß vorüber. In der Nähe knirschen Autoreifen auf dem Kies, schleichen dichter heran. Schau. Zwei langhaarige Kinder in geflickten Jeans, die Jacken voller Buttons, blaß, kaum älter als deine eigenen, steigen liebenswert widerstrebend aus einem verbeulten grünen Volkswagen und gehen zu dem Motelbüro. Etwas weiter schlägt eine Tür zu. Sich entfernende Räder mahlen den Kies immer kleiner. In der anderen Richtung rattert ein Rollwagen mit Wäsche übers Pflaster. Und jenseits von alldem, es umschließend wie ein durchsichtiger Dom, ein nicht zu entschlüsselndes Summen, wie Bienen unterm Dachfirst oder das fortgesetzte, aufgeregt fließende Tremolo von frisch geschlüpften Vögeln, die, versteckt in einem Baumstamm, auf die Fütterung warten.

Eine Sirene ertönt. Sie klingt fern, dann nah, dann wieder fern und tiefer. Dieser Notruf durchschneidet den Nachmittag wie ein Sprung ein Kristallglas. Katastrophen, hier? Ein Verkehrsunfall, in den du hättest verwikkelt sein können, wärest du weitergefahren? Ein Herzanfall oben in den Bergen? Reg dich nicht auf. Laß die herrschaftliche Sonne die Wassertropfen auf deiner Brust trocknen. Stell dir einen alten Kalifornier vor mit ausgebleichtem weißem Bart und einem Blick wie eine Bergziege, so unfreundlich, jemand, dessen ganzes Leben von Geburt an mit dieser Höhe getränkt wurde, diesem Ausblick, diesem Ort, der dir bis vor einer Stunde noch unbekannt war und dir nach dem morgigen Tag nie wieder vor die Augen kommen wird – stell ihn dir tot vor, stell dir vor, sein Leben wurde in einem blutblinden Augenblick aus seiner Brust gerissen wie die Wurzel aus der

Erde. Der Gedanke ist kurioserweise nicht störender als das glucksende Verkehrsgeräusch, als die animalischen Wellen, die die Kinder, zurück im Pool, mit ihren Körpern erzeugen, als die ferne deutliche Stimme, die dann und wann, aus ihr eigenen Gründen, monoton Zahlen in eine Art Megaphon spricht, ein Lautsprechersystem. «Fünfzehn... zwanzig.» Hat's was mit dem Unglück zu tun? Ein Fliegeralarm? Die Stimme tönt weiter, Teil des Friedens. Neue Sirenen blöken, ein schwarzes Polizeiauto und ein kantiger weißer Laster mit blauem Alarmlicht sausen vorbei zwischen dem Motel und dem mexikanischen Restaurant auf der anderen Seite der Soundso-Route.

Hinter dem roten Ziegeldach des Restaurants erstreckt sich ein lohfarbenes Tal; dahinter eine niedrigere Bergkette, grau, aber ein vielfältiges Grau mit unendlich vielen Schattierungen – Asche, Graphit, Karton, Kater, Lavendel. Solche Schönheit ist darauf aus, uns zum Weinen zu bringen. Wären wir Kristalle, müßten wir zerbersten. Die Lautsprecherstimme fährt fort: «Zwanzig... dreißig...» Die Kinder fangen an, sich zu streiten. Du hast genug Sonne gehabt. Zeit für Erkundungen.

Die Frau sagt, ihre Kopfschmerzen sind besser, aber sie will im Motelzimmer bleiben, um sich die Haare zu waschen. Geh also, Familienvater, mit den Kindern vom Parkplatz aus die Hauptstraße entlang. Die Hitze des Bürgersteigs schwebt um deine Schienbeine. Die hochstehende Bergsonne verleiht der orangefarbenen Rexall-Reklame einen blechern-dünnen Abglanz von Herrlichkeit, auch den roten Zungen der Parkuhren, den rosa Shorts der Mädchen, deren braune Rükken delikat zusammengeschnürt sind durch die Bänder von Minihaltern, auch dem verschossenen Army-Grün, das von übermuskulösen Jugendlichen ebenso getragen wird wie von schielenden, gebeugten Mümmelgreisen. Sie, die Eingeborenen, sind in ihrem Element. Liebe sie, weil sie da sind. Es gibt keinen besseren Grund für Liebe. Sie blicken durch dich hindurch. Um Substanz zu erlangen, betritt einen Laden, kaufe etwas. Entdecke, daß die Stadt Postkarten von sich selbst feilbietet; sie ist selbstbewußt, kaufmännisch, unternehmend. Sie beherbergt viele Sportartikelläden, wahre Waffenlager im Krieg gegen die Wildnis — Angelruten, Skistöcke, Jagdschleudern, aufblasbare Flöße, zusammenfaltbare Zelte, Rucksäcke, gefriergetrocknete Früchte in Aluminiumfolie, phantasievoll gefiederte Köder in Plastikkapseln, Tennisschläger, Tennishemden, Tennisbälle in Bonbonfarben. Deine Jungs sind entzückt, deine Mädchen gelangweilt. Erstehe fünf Postkarten, einige gefriergetrocknete Birnen für die morgige lange Fahrt durch die Wüste und geh hinaus. Draußen auf dem heißen Pflaster reißen die Sandalen des kleinen Mädchens. Sie hat jeden Tag um neue gebettelt. Ihr Haar ist noch naß vom Motelpool. Geh mit ihr in ein Schuhgeschäft. Feierlich läßt der Verkäufer sie Platz nehmen, mißt ihren Fuß. Bestaune die Art, in der seine Hand geruht, den schmutzigen nackten Fuß dieses unbekannten Kindes zu berühren. Ach! Was er in ihrer Größe hat, gefällt ihr nicht, und was ihr gefällt, hat er nicht in ihrer Größe. Drück dein Bedauern aus und geh. Beim Überqueren der gefährlichen Durchgangsstraße nimmst du ihre Hand, eine zärtlichere Berührung als sonst, nun, nachdem du Zeuge der Zärtlichkeit eines Fremden geworden bist. Auf der anderen Straßenseite, auf einem kleinen Platz, der durch fortgesetzte Verbreiterung der Hauptverkehrsstraße bis zur Bedeutungslosigkeit beschnitten ist, steht statt einer Statue ein alter

Planwagen. Denk an jene toten Unbekannten
– ganze Schwärme schuftender Engel –, die
es wagten, dieses Land von unmenschlicher
Größe ohne Schnellstraßen, ohne Aircondi-
tioning, sogar (ein Blick unter den Wagen be-
stätigt es) ohne Stoßdämpfer zu durchque-
ren, jeder Zentimeter durchrüttelt und
durchrattert, um schließlich hier anzukom-
men und diese Stadt zu gründen, wo dieser
Wagen (ein Blick hinein enthüllt es) ein Be-
hältnis für leere Dosen von Polar-Bär-Bier,
Diät-Pepsi und Bergquell-Sprudel geworden
ist.

Amerika ist eine riesige Verschwörung,
um dich glücklich zu machen.

Oder auch: Steig am Motel ins Auto und
fahre durch die Nebenstraßen: eine Holzkir-
che, eine Grundschule in Ziegelstein mit Bas-
ketballkörben auf einem Asphaltteich, Häuser in gleichmäßigen Abständen rechtwinklig
zueinander stehend und zu sauber ausse-
hend. Diese Bergluft hier hat etwas Sterilisie-
rendes. Die Gärten sehen bewässert aus, wie
Golfplätze. Sie stehen im lebhaften Gegen-
satz zu Leerräumen aus verwahrlostem, aus-
gedörrtem Heu. Die Häuser bemühen sich,
mit ihrer Geradlinigkeit, ihren schwach glän-

zenden Fassaden etwas zu sagen, ein Wort, das du gern hören möchtest, ja, du würdest ewig so weiterfahren, um es schließlich zu vernehmen. Aber die Kinder langweilen sich und bitten dich, «heim»zufahren. «Heim» ist das Motel.

Das Haar deiner Frau ist federnd und duftig vom Waschen. Der Pool liegt verlassen und sieht kühl aus. Abendschatten sind von den Bergen geglitten. Die Sonne sinkt im Westen, überall. Die graue Bergkette im Osten badet im Licht wie ein komplizierter Knochen. Wo sollen wir essen? Hol Meinungen ein. Die Kinder wollen schnelle saubere Hamburger-Abfertigung, mit Resopal-Tischen und klaren neutralen Fenstern auf den Verkehr hinaus, der sie sicher mit der Zukunft verbindet. Du und deine Frau wollen etwas mit Binnenhof, regionalem Ambiente und Schankerlaubnis. Vielleicht gewinnen die Kinder, und du sitzt und blickst durch die Fenster und denkst, dies ist Amerika, dein Hamburger-Reich, eine unteilbare gottgegebene Küche, mit Pickles und Kartoffelchips für alle. Was du durch die klaren Fenster erblickst, sieht gebleicht aus ohne Sonnenbrille, die du den ganzen Tag getragen hast und die der Landschaft, durch die du gefahren bist, eine unnatürliche Postkarten-Brillanz verliehen hat, den blauen Himmel kobalt einfärbend, das purpurne Bergland und die orange Felsen so tönend, als stammten sie von einem schüchternen Pastellmaler, der schlechte Porträts auf einem ländlichen Jahrmarkt verkauft.

Oder vielleicht überredest du die Kinder zu dem mexikanischen Restaurant, und während sie im Kerzenlicht sitzen und mit ihren Tacos und Enchiladas kämpfen, schlürfst du an deiner mit Salzrand versehenen Margarita und denkst: Dies ist Amerika, wo wir alles einschlingen, Tacos und Chow Mein und Pizza und Sauerkraut, weil wir nur das sind, was wir essen, nur das sind, was wir zu sein behaupten. Wenn ein Japaner «Japaner» sagt, sitzt er auch schon in der Falle eines unwichtigen endgültigen rassischen Faktums, hingegen wenn wir sagen «Amerikaner», ist es kein Faktum, sondern ein Akt des Vertrauens, eine Sache von Linien auf einer Landkarte und von Worten auf dem Papier, ein Umriß, den auszufüllen es noch Generationen und Jahrhunderte braucht. Und, ja, die Kellnerin, die das Sorbet und die Rechnung bringt, scheint diese Überlegungen zu illustrieren, denn sie ist hübsch und jung und entwurzelt, eine der Züchtungen, die unsere Wüste von Küste zu Küste hervorgebracht hat, mit von reizloser Kost gerade gewachsenen Knochen, mit einer Fruchtbarkeit, die in die hygienische Plastikhülle der Pille eingeschlossen ist, mit einem Akzent, der auf angenehme Weise nichts voraussetzt, mit einer Haut, so dunkel wie die einer Indianerin, doch mit blauen Augen und sonnengelblichem Haar, das ihr lose den Rücken herabfällt in Evas zeitlosem Fall.

Sei vorsichtig beim Überqueren der Straße. Auf dem Motel-Parkplatz, ehe du noch die Anonymität deines Zimmers erreichen kannst, muß Mrs. Plummer, von ihrem Auto zum Büro eilend, in der Hand irgendwelche Papiere, deinen Weg kreuzen, und sie lächelt. Dies verdirbt es ein wenig. Sie kennt dich. Du kennst sie. Wenn Unschuld endet, müssen Pläne gemacht werden. Zuerst schlafe. Dann, früh am Morgen, wenn der Verkehr schwach ist und die Sonne noch kraftlos im Osten, fahr weiter.

Tochter,
letzte Eindrücke von

Kurz bevor meine Tochter fortging, um mit dem rotbärtigen Spinettbauer zusammenzuleben, fragte sie uns, wie man Jitterbug tanzt. Sie hatte die alten Glenn-Miller-Platten im Schrank gefunden. Eileen und ich waren irritiert, ihr gestehen zu müssen, wir wußten's nicht. Obwohl der Jitterbug aus unserer Zeit stammte, war es eine Zeit, in der der Tüchtigste überlebte, und während jeder Jack und jede Jill zur heimischen Version von Big Band Sound im Triumph über den Turnhallenboden wogten und wirbelten, gab es eine Brut von Eileens und Geoffreys, die neidisch an der gepolsterten Wand lehnten oder zusammengedrängt auf den Zuschauerrängen saßen und sich fragten, wie er wohl getanzt wurde, sich fragten, ob irgend jemand, der es wußte, sie je auffordern würde. Wieviel freundlicher, betonten wir unserer Tochter gegenüber nachdrücklich, sei es doch von ihrer Generation, Tänze zu erfinden, die keine solche Geschicklichkeit erfordern, die in der Tat nicht falsch getanzt werden können und deshalb auch keine schmerzlichen Unterscheidungen zwischen den «ins» und den «outs», den Flinken und den Lahmen, den Hübschen und den Nicht-so-Hübschen schaffen.

Mit aufgerissenen Augen sah uns unsere Tochter an. Ihr Gesicht blickt meist frontal, wie das einer Katze. Als sie achtzehn wurde, veränderte sich ihr starrer Kinderblick zu etwas Weicherem, nach innen Gekehrtem, mit einer Marge von Mißtrauen, um jedes Verblüfftwerden abzufangen. Aber wie, schien sie jetzt verblüfft zu fragen, konnten zwei Menschen, die nicht einmal Jitterbug zustande brachten, sich zusammentun und *mich* zeugen? Sie war unser erstes Kind gewesen. In unserer Schlichtheit hatten wir sie Joy genannt.

In jenen letzten Eindrücken kam auch Tanz vor. Meine Tochter hatte in der Schule Ballettunterricht gehabt und pflegte auf dem Rasen Brücken und Räder zu schlagen oder Spagat und Grätschen im Vorderflur hinzulegen. Zu ihrem Geburtstag hatte ich ihr eine Trainingsstange gekauft, die sie in ihrem Zimmer benutzen sollte, aber sie zog den Vorderflur vor, wo der Briefträger manchmal Briefe über sie ergoß. Ihr Körper in dem schwarzen, ärmellosen Trikot entwickelte Muskeln und Ausdauer; der Vorderflur war wirklich zu klein für diese ausgedehnten Übungen, die das Ausruhen ihres Kopfes – goldenes Haar, platinfarbenes Genick – zwischen den Knien mit einschloß. Der Kopf schnellte dann unerwartet hoch, so daß ihre Augen in dem runden Gesicht erstaunt in etwas blickten, das sie in meinen entdeckten. Der schwarze Stoff auf ihrem Körper erbleichte, wo immer er sich um eine Rundung dehnte.

Obwohl wir nicht in der Lage waren, ihr Jitterbug beizubringen (die Bewegungen, die sie zu *In the Mood* oder *I've Got a Gal in Kalamazoo* improvisierte, schienen sich mehr von einer afrikanischen Tanztruppe herzuleiten denn aus den steifen, schroffen Vierzigern), lehrte sie ihren jüngeren Bruder, wie man ein Mädchen führt und es zu James Taylor und Carole King herumschwenkt. Sie taten das im Arbeitszimmer, wo vor Jahren irrtümlicherweise der Plattenspieler installiert worden ist. Ich blickte von meinem Versuch zu lesen hoch und sah sein Gesicht auf ihrer Schulter, das Kinn hochgestreckt, weil sie größer war, das Engelsgesicht meines zweiten Sohnes, das halb verdeckt im Haar seiner Schwester hing, versunken in Seligkeit, die Wimpern Fortsetzungen des Glanzes seiner fast geschlossenen Augen, während sie wie Seetang in den Wellen verstärkter Musik schwankten. Ihre Füße, soweit ich sehen konnte, taten keinen einzigen Schritt dabei.

«Ist Joy nicht nett zu Ethan?» fragte ich Eileen später ein bißchen rhetorisch.

«Sie ist seit einiger Zeit zu jedem von uns nett», antwortete sie.

Das war richtig. Sie deckte den Abendbrottisch für ihre Mutter und wusch ab. Sie las ihrer kleinen Schwester Gute-Nacht-Geschichten vor. Ich sah die beiden Mädchen, eingerahmt durch den Gang zu Katharines Zimmer, wie sie unter den angepinnten Postern von Pferden und Hunden auf dem Bett saßen, Joys Gesicht wirkte so feierlich wie das einer Sonntagsschullehrerin. Die beiden Profile waren einander symmetrisch zugewandt, trotz der sechs Jahre Unterschied, doch die Stirn des jüngeren Mädchens hatte eine schnell erfassende, vorgewölbte Kurve, wogegen Joys Stirn flach und entschlossen und quadratisch war. Ist. Mit zwölf machte Katharine eine schwierige Zeit durch. Joy sprach mit ihr über Zensuren oder Diät, oder die Großmutter. Meine Mutter starb im selben Frühjahr an Krebs. Als sie das letzte Mal ins Haus kam (sie wußte, es war das letzte Mal, aber sie weigerte sich, es zuzugeben, wie sie es auch verschmähte, zuzugeben, daß sie sterben würde; sie hatte ein Leben lang untertrieben; ihre letzten Worte zu der diensttuenden Krankenschwester und mir waren: «Also, verbindlichen Dank»), hatte Joy sie beim Abschied umarmt. Eine schüchterne, seitliche Umarmung, denn die alte Dame war zerbrechlich wie ein Stock, und ihr Gang war ein unsicheres Schieben geworden. «Hoffe, du fühlst dich bald besser», sagte Joy zögernd und bei dem «bald besser» errötend, weil sie wußte, dafür hätte es eines Wunders bedurft. Wie groß meine Tochter wirkte! – sommersprossig, mit hängenden Tänzerinnenschultern auf der Höhe der Gesundheit, stand sie neben dem geschrumpften stoischen Geist, von dem sie abstammte. Für mich war es, als ob sie in einem jener aufregend schnellen kreuzweisen Wechsel guter Jitterbug-Tänzer die Positionen getauscht hätten mit jenem fernen Augenblick, als meine tapsige kleine Tochter in Vermont gegen einen heißen Holzofen gefallen war und ihre Großmutter, die so ruhig blieb, daß die Zigarette nie ausging, Eis und Butter und beruhigende Worte auf dem verletzten Arm verteilte, der sich für das erstaunte, schreiende Kind anfühlen mußte, als hätte der Tod selbst ihn gepackt.

Während der Beerdigungszeremonie in unserer angestammten Unitarierkirche beteten Joy und Katharine nicht nur, sondern knieten in aufrechter episkopalischer Manier auf den Betstühlen. Und da sie ihre Gesichter in den Händen versteckt hatten, sahen sie in den Kleidern, die Joy aus demselben dunklen kleinblumigen Stoff genäht hatte, wie Zwillinge aus.

Ihr Nähen beunruhigte mich. «Alles, was sie tut, ist im Haus herumhängen, in ihrem Zimmer sitzen und nähen. Sie benimmt sich wie eine kleine alte Jungfer. Warum geht sie denn nie mit Jungen aus? Sie ist doch nicht häßlich. Oder?»

«Fragst du das ernsthaft?» fragte meine Frau.

«Ja. Ich blick da nicht durch. Sie ist schließlich meine Tochter.»

«Du bist schlimm, wirklich. Sie ist wunderbar. Jungen in ihrem Alter machen sie eben nicht an.»

«Der Grund, warum du so zufrieden damit bist», sagte ich zu Eileen, «ist, daß sie alle Hausarbeit für dich erledigt.»

«Es macht ihr Spaß. Sie lernt etwas.»

«Jaha, Aschenputtel zu sein!»

«Wenn das dein Vergleich ist, brauchen wir gar nicht weiterzureden.»

Die Nähmaschine, die langsam in ihrem Zimmer Rost ansetzt, ist kein Problem, aber der Hahn ist eins. Meine Tochter hatte es sich in den Kopf gesetzt, oder sollte ich sagen, in den Dickschädel (schon als Baby schlug sie so lange mit der Stirn gegen die Stangen ihres Bettchens, bis wir sie herausnahmen), Hühner zu halten. Hühner? In unserm kleinen Garten? Sie sagte, sie würden nicht viel Platz benötigen. Sie würden unsere Abfälle in frische Eier verwandeln. Sie würden einen natürlichen Kreislauf darstellen. Verglichen mit einem Automobil verbrauchten sie fast nichts. Sie waren ästhetisch und unterhaltsam. Hühner.

Unsere Abmachung war, daß sie den Auslauf und das kleine Hühnerhaus mit mir zusammen bauen sollte; aber an dem Hämmern und Sägen und der Größe der Nägel und der Grobschlächtigkeit meiner Konstruktion tat ihr irgend etwas weh, denn sie machte sich aus dem Staub, und ich baute alles allein. Mark, unser ältester Sohn, kam hinzu, wie ich dachte, zum Helfen. Statt dessen wollte er nur mäkeln.

«Gott, Dad, ist das häßlich.»

«Ich tu mein Bestes.»

«Ich meine nicht dich. Ich meine die *Idee*. Warum ausgerechnet Hühner? Ich bekomme nicht einmal eine Zweiundzwanziger. Denk an die Lärmbelästigung. Denk an die Federn, Dad.»

«Du hast ja recht, ja. Kannst du mal diese Latte festhalten, während ich sie festnagele?»

«Und noch was: Ich *hasse* die Art, wie sie das Auto fährt. Sie wird noch jemanden damit umbringen, Dad, und du mußt dann dafür bezahlen.»

Erst in diesem Winter hatte Joy eingewilligt, sich für den Führerschein anzumelden, nachdem sie es aus ökologischen Gründen seit ihrem sechzehnten Lebensjahr ohne ausgehalten hatte. Es stimmte, wenn sie den Ford fuhr, wurde der Wagen staksig und unsicher im Flug, wie ein Flamingo. Neben ihr im Beifahrersitz hatte ich das Gefühl, als ob sie allerlei Dinge streifte – Briefkästen, Hydranten –, die am Straßenrand standen. Dagegen wenn Mark, gerade sechzehn und so-

gleich mit einem Lern-Führerschein ausge-
stattet, am Steuer sitzt, duckt sich das Automobil flach auf den Boden und schnüffelt mit
der Nase über den Highway wie ein spüren-
der Beagle, mit nervösem, witterndem Rükken. «Ganz zu schweigen von der Tatsache»,
fuhr er fort, «daß sie Ethan ganz verrückt gemacht hat mit Sex.»

«Wir lernen vom Leben», sagte ich und
schlug einen Nagel ein, um die Unterhaltung
zu beenden.

Als das Hühnerhaus fertig war, kam Joy
aus ihrem Versteck und bewunderte es – die
kleine Schiebetür und die Sitzstange, die man
hochklappen konnte, damit der Hühnerhal-
ter (hm, ja) in der Lage wäre, zu fegen und
das Stroh zu wechseln. Tatsächlich machte
sie anfangs die Arbeit gewissenhaft – fegen,
Korn streuen, in der Morgendämmerung
Eier einsammeln wie ein breithüftiges Mädchen bei Thomas Hardy. Ich erinnere mich,
wie sie, als ich mich zum Frühstück hinsetzte,
mit der Schulter die Hintertür aufstieß, ihre
Augen starr vor Staunen, daß die Eier in ihren Händen noch warm waren. Es war meine
väterliche Pflicht, eins zu essen. Die Dotter
waren unangenehm orange, dank der Reich-
haltigkeit unseres Abfalls. Und meine Toch-

ter tanzte um mich herum, während ich aß, hingerissen von dieser wunderbaren Vervollständigung, diesem Zyklus, dieser Nahrung für den Brötchenverdiener, diesem Huhn samt Ei. Sie war in diese schäbigen Vögel vernarrt. Sie malte Efeu auf ihr Haus, beobachtete sie wie ein Wissenschaftler, entdeckte, daß die «Hackordnung» nicht nur eine Phrase war, pflasterte die Wände ihres Zimmers mit hingekritzelten Hühnern und schrieb sogar Gedichte; eine Zeile ging, wie ich mich erinnere, *pick gacker scharr pick*. Trotz ihrer Bemutterung ließen die Hühner das Eierlegen allmählich sein.

Die Idee für einen Hahn wurde ohne Konsultation mit mir ausgebrütet.

Eines Donnerstags, als ich nach der Arbeit aus meinem Auto stieg, war er da, ein kleiner rotbrauner Vogel mit absurd langen Schwanzfedern und einer diktatorischen Art, den Kopf aufzuwerfen. Er war kleiner als die Hennen, doch schon folgten sie ihm leichtfüßig, gluckerten in den Kehlen und stießen sich um den Vorrang, während er den Auslauf und das Hühnerhaus begutachtete, die ich unwissentlich für *ihn* gebaut hatte. Er war von einem kleinen, bärtigen Mann mit rosa Augen und einem wirren, unglücklichen

Aussehen in einem psychedelischen VW-Bus gebracht worden. Joy, Eileen und Katharine saßen im Abendlicht mit ihm am Küchentisch. Merkwürdig, sowohl Joy als auch Eileen hielten Zigaretten in den Fingern. Eileen hatte mit Rauchen aufgehört, als bei meiner Mutter Krebs diagnostiziert wurde, und soweit ich weiß, hatte Joy nie damit angefangen. Der Hahn-Bringer hatte über einen Freund von Joys Ökologie-Lehrerin von unserm Bedürfnis gehört. Noch ehe ich eintrat und obwohl er nur murmelte, hatten sie ihm eine erstaunliche Menge an Informationen entlockt: Er war fast dreißig, seine Frau hatte ihn vor einer Weile verlassen, der «Haufen Leute», mit dem er auf dieser Farm da zusammenlebte, brach auseinander, sie gaben alles weg – Hähne, Schafe, die Ackerfräse. Außerdem hatte er eine Erkältung und konnte keinen befriedigenden Industrie-Leim für seine Spinette finden. Bald, nachdem ich gekommen war, ging er.

«Gott, Dad, war das ein Spinner», sagte Mark.

«Da hast du recht.»

«Ich finde, er war *süß*», rief Joy vom anderen Zimmer herüber. Das war neu, sie lauschte nie. Was andere Menschen sagten oder taten, so war ihre Haltung in den vergangenen Jahren gewesen, berührte sie nicht. Sie hatte in ihrer eigenen Welt gelebt, mit einer Heiterkeit, die Geschirr ohne jegliches Klirren auf den Tisch beförderte.

Jetzt wurde uns mit einem berstenden Krach ihre Abhängigkeit von anderen, und unsere von ihr, erklärt. Sie forderte oder nahm den Ford so oft, daß wir einen Zweitwagen kaufen mußten, gerade als die Ölknappheit über die Welt kam. Eileen muß wieder abwaschen und raucht eine Packung pro Tag. Katharine sagt, wenn Joy Hühner haben kann, sehe sie nicht ein, warum sie im Hintergarten nicht ein paar Schafe halten kann. Sie würden das Gras kurz halten. Ihre Wolle wäre Geld wert. Sie sähen hübsch aus. Mark hat angeboten, die Hühner mit seiner neuen Zweiundzwanziger zu erschießen. Ethan, von seiner ersten Partnerin verlassen, geht jetzt zum Tanzen in die Mittelschule, eine meiner Krawatten lose umgebunden, das Haar ohne unser Drängen gekämmt; er ist so herausgeputzt und hübsch, daß wir alle lachen müssen, wenn er sich aufmacht. Joys Abreise geschah in großer Hast, und sie kam uns anderen damals nicht allzu wirklich vor. Ich habe keine Eindrücke zurückbehalten.

Welchen Mantel hat sie getragen? Welchen Koffer hat sie genommen? Hat sie die Tür zugeworfen? Vielleicht hat sie «Also, verbindlichen Dank» gesagt, aber ich habe es nicht gehört.

Das Haus scheint jetzt größer. Der Plattenspieler, nicht länger unter dem Bann von Ralph Kirkpatrick, ist wieder bei Carole King angelangt oder schweigt. Der Vorderflur ist wieder für den Verkehr freigegeben. Wir kommen und gehen. Manchmal vergehen Tage, ehe einer von uns sich darauf besinnt, die Eier mit hereinzubringen. Da die Hühnerschar nur mehr sporadisch gefüttert wird, hat sie sich ein Schlupfloch unterhalb des Hühnerzauns gehackt und dringt in den Salat des Nachbarn vor. Bei einem dieser Ausflüge hat der Labrador eines anderen Nachbarn die weiße Henne mit dem fehlenden Zeh weggeschnappt – die unterste in der Hackordnung, pfiffigerweise. Wie konnte der Hund das wissen? Er trug sie im Maul davon, weiß wie frische Wäsche im Abenddämmerlicht, zwischen die Tannen; die Kinder hörten ihr Gurgeln und Kreischen, bis es Nacht wurde.

Wenn mit seiner Welt auch nicht mehr alles in Ordnung ist, der Hahn wird es nie zugeben. Jeden Morgen steigt er auf diese selbstklebenden, schiefergrünen Teerpappschindeln, die ich ihm aufs Dach gehämmert hatte, ein Hüpfer in die Luft von meinem Schlafzimmerfenster aus, und kräht. Wach liegend kann ich mit anhören, wie er in den Morgenstunden in seinem Haus das Krähen übt: ein ziemlich sanftes, zaghaftes, fast keuchendes Entfalten der magischen Schriftrolle in seiner Brust. Vielleicht träumt er von der Morgendämmerung, vielleicht narren ihn die Straßenlaternen. Aber sobald es soweit ist, gibt es keine Verwechslung: Wenn das Licht in den Fensterscheiben sich von Purpurn zu Malvenfarben zu Weiß aufhellt, flattert er auf sein Dach, wie wenn eine Zeitung auf die Veranda klatscht, und gibt ein Krähen von sich, als wolle er persönlich, mit seinen eigenen Lungen, die schläfrige, fette Sonne an den Zenit des Himmels hissen. Nie mäßigt er seine Freude, obwohl ich langsam dagegen taub werde. Das muß der Unterschied sein zwischen seelenlosen Kreaturen und Menschen: Kreaturen finden jeden Sonnenaufgang genauso bemerkenswert wie alle vorangegangenen, wohingegen der Seele eine Hornhaut wächst.

Der Mann, der ausgestorbene Säugetiere liebte

Sapers lebte ziemlich konturlos in einer Stadt, die keinen Namen haben soll. Es war ein Zeitpunkt in seinem Leben, zu dem er zwar viele Verpflichtungen hatte, aber keine bindenden. Demgemäß besaß er viel freie Zeit, und irgendwie füllte nichts sie besser aus als die Sichtung ausgestorbener Säugetiere. Lebende Spezies verursachten ihm Asthma, und die Dinosaurier waren schon abgeklappert; aber dazwischen lag eine wunderbare mittlere Welt klobiger, trampelnder, behaarter, milchgebender Kreaturen, die von der Erdoberfläche verschwunden waren. In der Regel waren sie groß: «Während dieser frühen Perioden», schreibt Harvey C. Markman in seiner Schrift ‹Fossile Säuger› (herausgegeben vom Naturkunde-Museum in Denver), «gingen viele der Säugetiere auf Grund ihrer Übergröße und Absurdität ein.» Zum Beispiel das *Barylambda*. Es war fast zweieinhalb Meter lang und halb so hoch. Es hatte einen kurzen Kopf, breite Hufe, muskulöse Beine und einen sehr kräftigen

Schwanz. «Es vereinigte» — um wieder Markman zu zitieren — «viele anatomische Besonderheiten in sich, die aber zusammengenommen wenig Überlebenswert besaßen. Man könnte von dieser Spezies und ihren Aberrationen sagen, daß sie sich auf zu vielen Gebieten zu spezialisieren suchten und deshalb kaum Fortschritte in die wichtigere Richtung machten.» Am Ende des Paläozoikums war es dann ausgestorben. «Wer sollte so ein Geschöpf nicht lieben?» fragte sich Sapers.

Und wer vermag zu sagen, was eine «wichtige Richtung» ist?

Das *Barylambda* war ein Paarhufer, was soviel bedeutet wie «Klumpfüßler». Diese Ordnung (oder Unterordnung) der Huftiere hatte, wie Sapers aus Webster's Lexikon erfuhr, «ein sehr kleines glattes Gehirn». Das «klein» war zu erwarten, das «glatt» überraschte. Es war nett. Der Mann, der ausgestorbene Säugetiere liebte, ärgerte sich über die Weise, wie Markman an den Paßgängern herummäkelte; nichts an ihnen, am wenigsten Hufe und Zähne, war ihm spezialisiert genug. Man konnte Markman förmlich seufzen hören, wie den grimmigen Lehrer einer Klasse von Dummköpfen, als er schrieb:

«Zumindest eine Familie der Paßgänger muß noch erwähnt werden: die *Uintatheres*. Im späten Eozoikum hatten einige dieser grotesken Kreaturen die Größe von Zirkuselefanten angenommen. An den Seiten ihres Kopfes und auf der Stirn hatten sie drei Paar knochenartige Auswüchse, die Hörnern ähnelten...» Auf der beigegebenen Fotografie des Schädels eines *Uintacolotherium* sahen die knochenartigen Auswüchse wie Kunst aus, wie von Arp. Jedenfalls kamen sie Sapers nicht sonderlich grotesk vor, man mußte sie nur mal vom Standpunkt der Überlebensfähigkeit betrachten anstatt von unserem, dem Standpunkt des Menschen mit seinem riesigen, rauhen Gehirn. Sapers schloß die Augen und versuchte, sich den Auswahlprozeß vorzustellen, durch den die kleine Knospe eines knochenartigen Auswuchses einen winzigen Vorteil erlangte, eine Nasenlänge voraus war im Zweikampf, bei der Nahrungssuche oder bei der Fortpflanzung, was jene Ausartung von Generation zu Generation begünstigen würde. Er hatte es schon fast vor sich – eine Art platonisches Ideal, das auf den Uintathere-Fötus drückte, indem es die Uintathere-Milch genetisch einfärbte –, als neben ihm das Telefon schrillte.

Es war Mrs. Saper. Ihre Stimme – lebendig, verletzbar, kläglich, seine – stieg aus irgendeiner tiefen Vergangenheit zu ihm empor. Sie erzählte ihm, nicht einmal uninteressant, von ihrem Tagesverlauf, ihren Depressionen, ihren Schwierigkeiten. Die Tochter hatte eine Mathearbeit verpatzt. Der Ölbrenner benahm sich merkwürdig. Männer wollten Rendezvous mit ihr. Ein Mann hatte im Kino ihre Hand gehalten, und ihr Magen hatte sich umgedreht. Was sollte sie tun?

«Sei du selbst», riet er ihr. «Tu, was dir natürlich erscheint. Ruf den Heizungsmann an. Sag Dorothy, ich werde ihr bei der Mathematik helfen, wenn ich Samstag zu Besuch komme.»

«Wenn ich ein Gewehr hätte – manche Nacht könnte ich mich erschießen.»

«Deshalb gibt es ja auch Waffenscheine», sagte er beruhigend und fragte sich sogleich, warum sie nicht beruhigt war.

Denn sie begann ins Telefon zu weinen. Er versuchte, ihrer Argumentation zu folgen, gewann aber nur den schattenhaften Eindruck, daß sie ihn liebte, was er, von früheren Feldstudien als ihr Ehemann her betrachtet, für einen falschen Eindruck hielt. Dennoch, was konnte er jetzt noch tun? «Nichts», schnappte Mrs. Saper und fügte hinzu: «Du bist grotesk.» Dann legte sie auf, mit jener stoischen Eleganz, die sie immer noch besaß und er immer noch bewunderte.

Die Zitzen, las er, sind spezialisierte Schweißdrüsen. Ein Haar ist eine spezialisierte Schuppe. Wenn sich der Körper eines Säugetiers zu sehr erhitzt, stellen sich die Haare einzeln auf, damit Luft an die Haut gelangt. Das bizarre *Arsinoitherium*, auf den ersten Blick wie ein Rhinozeros, aber anatomisch eine Klasse für sich, könnte entfernt mit dem kleinen, pelzigen Klippdachs verwandt sein, der in einigen Winkeln Asiens und Afrikas anzutreffen ist. Der Säbelzahntiger war wahrscheinlich weniger intelligent als eine Hauskatze. Sein «Messerzahn» (*smilodon*) entwickelte sich, damit er andere übergroße Säugetiere zur Strecke bringen konnte, er hätte kein Kaninchen damit festhalten können. Kaninchen gibt es schon seit langem – obwohl natürlich längst nicht so lange wie Krokodile und die Hufeisenkrabbe. Sapers dachte an jene Säbelzähne und an die schwach überkronten Backenzähne des Mastodons mit einer einzigen Schicht Zahnschmelz darüber, die durch die stark überkronten Backenzähne des Mammuts ersetzt wurden, die sich nie abnutzten, weil der Zahnschmelz auf senkrechte Platten verteilt war, und er versuchte, sich den Zahn auf halbem Wege vorzustellen, oder auch die evolutionären Schritte zum Walfisch, und auf angenehme Weise kam er zu dem Schluß, daß der Wal und der Bär und der Mensch späte, späte Modelle sind, *Arrivisten* in der Fossil-Geschichte. Was hat ein Bär an sich, daß wir ihn lieben? Seine flachen, archaischen Tatzen. Die Paarhufer sind wieder da. O Freude! Eine hauchzarte Botschaft zeichnete sich ab, die Sapers schon fast entziffern konnte, ein Graffito, das auf die zerbröckelnde Wand der Zeit eingeritzt war. Seine Geliebte rief an, die Wand ging zu Bruch.

Sie liebte ihn. Jedenfalls sagte sie das. Er sagte es ihr *vice versa*, indem er sich ihren jungen Körper vorstellte, ihre länglichen Schenkel, ihren kleinen glatten Kopf und die Mähne ihres Haars, ihr Rückgrat, ihren wiegenden Gang, und sich fragte, ob nicht sein Körper mittleren Alters daran zerbrechen könnte, daß er solch ein Wunder befriedigen wollte. Sie erzählte ihm von ihrem Alltag, ihrer Langeweile, ihrem langweiligen Job, ihrer Angst, daß er zu seiner Frau zurückkehren könnte.

«Warum sollte ich das tun?» fragte er.

«Du hältst mich für zu grob. Das macht mir solche Angst.»

«Du bist nicht besonders grob», beruhigte er sie. «Aber du bist jung. Ich bin relativ alt. Ich sterbe eigentlich schon. Hättest du nicht gern einen netten jugendlichen Liebhaber mit einem einzigen knorpligen Horn, wie ein zeitgemäßes Rhinozeros, eins der wenigen unpaarzehigen Huftiere, die überlebt haben?»

Er wollte sie ablenken, sie aber bestand auf ihrer Liebe, und bei jeder Erklärung ächzten seine Knochen. Rhinozerosse, erfuhr er, als sie sich endlich genügend an dem Problem ergötzt und aufgelegt hatte, waren von den Anlageberatern in Sachen Überlebensfähigkeit mit allzu schrankenloser Begeisterung gestützt worden. So hatten einige Spezies den Umfang von mehreren Elefanten angenommen. Es hatte Lauf-Rhinozerosse gegeben – «langbeinig und ziemlich schlank» – und Amphibien-Rhinozerosse, doch keines davon war der Vorfahr des «echten» Rhinozerosses gewesen; diese Ehre fiel dem hornlosen *Trigonias* zu, von gemäßigter Statur bei «stämmigem Körperbau», mit vierzehn Zehen und «sehr konservativer» (Sapers hörte förmlich Markmans ungeduldige Seufzer) Bezahnung.

Was *soll* dieses Vorurteil zugunsten des Fortschritts? Die Schwierigkeit mit seiner Geliebten, fand Sapers, bestand darin, daß sie sich zu erfolgreich spezialisiert hatte, zu ausschließlich Geliebte war, vollkommen, doch zerbrechlich, wie die Fessel eines Pferdes, die in Wahrheit noch halb zum Fuß gehört, der sich gestreckt und verschlankt hat und an der Spitze einen erstaunlichen Zehennagel trägt. Das kleine *Eohippus* dagegen, gedrungen wie ein Waschbär in seinen Wäldern aus saftigen weichen Blättern, und sogar *Mesohippus*, obschon groß wie ein Collie, behielten noch drei Zehen eines jeden Fußes auf der Erde. *Eohippus*, so schien es Sapers, war wie ein kleiner verstohlener Wunsch, der sich aus dem Dunkel des Herzens in eine große, hufklappernde widerspenstige Wirklichkeit entwickelte.

Seine Frau rief wieder an. Durch die Äonen ihres Zusammenlebens hindurch hatte sie psychische Protuberanzen entwickelt, die seinen Verstand durchdrangen und umfaßt hielten. «Es tut mir leid, wenn ich dich dauernd in deiner wunderbaren Ruhe störe», sagte sie in solcher Weise, daß er ihr die Besorgnis um seine Ruhe glaubte, obwohl sie doch gerade sarkastisch darin einbrach, «aber ich bin mit meinem Latein am Ende.» Und er glaubte auch das, obwohl er wußte, daß sie Verzweiflung in sich mobilisieren konnte als Waffe, als hakenförmige Kralle, als Stoßzahn. Vielleicht hätte sie nicht hinzufügen sollen: «Ich habe es schon zweimal vorher versucht, aber es war immer besetzt»; doch auch dieses Einschüchtern begriff er als Mitleid heischend, denn ihre Eifersucht war gerechtfertigt und Teil ihrer Hilflosigkeit, da ja alle Organe sich synchron entwickelten. Sie berichtete, daß ihr alter Hund wohl jetzt sterben würde; er fraß nicht mehr und schlich dauernd in den Wald, und sie und ihre gemeinsame Tochter brachten dann Stunden damit zu, nach ihm zu rufen und zu suchen und die arme Kreatur nach Hause zu locken. Sollten sie den Hund in den Wagen packen und ihn zum «Einschläfern» zum Tierarzt bringen?

Sapers fragte seine Frau, was ihre Tochter dazu meinte.

«Ich weiß nicht. Ich geb sie dir mal.»

Das Kind war vierzehn.

«Hallo, Daddy.»

«Hallo, Süße. Hat Josie viel Schmerzen?»

«Nein, sie ist bloß wie betrunken. Sie steht in der Pfütze der Garagenzufahrt und guckt in den Himmel.»

«Sie scheint irgendwie glücklich, oder? Wessen Idee war es denn, sie zum Tierarzt zu bringen?»

«Mamis.»

«Und was meinst du?»

«Josie machen lassen, was sie möchte.»

«Das glaub ich auch. Warum laßt ihr sie nicht einfach im Wald bleiben?»

«Es fängt grad an zu regnen, und sie wird ganz naß.» Und die Stimme des Kindes, bis zu diesem Punkt so schlicht und vernünftig, geriet ins Stocken, Tränen kündigten sich an, Vorboten ewigen Verlusts; schon bog die grelle Parade ewigen Verlusts mit Zimbel-klängen und triumphierenden Posaunen um die Ecke und war drauf und dran, in ihren Verstand einzudringen. Bleib ruhig, sagte sich Sapers. Eins nach dem anderen.

Er sagte: «Dann bring sie mit ein paar Zeitungen und einer Schale Wasser ins hintere Zimmer. Rede mit ihr, damit sie sich nicht einsam fühlt. Bring sie nicht zum Tierarzt, solange sie keine Schmerzen zu haben scheint. Sie hatte immer Angst vorm Tierarzt.»

«In Ordnung. Willst du Mami noch mal sprechen?»

«Nein. Süßes? Es tut mir leid, daß ich nicht da bin, um euch beizustehen.»

«Ist schon in Ordnung.» Ihre Stimme wurde unbestimmt, dünn und glatt. Sie wollte auflegen.

«Oh, und noch etwas. Kleines?» rief Sapers aus der Ferne.

«Jaha?»

«Verpatz deine Mathearbeiten nicht mehr. Es macht Mami wütend.»

Gigantische und bizarre Säugetierformen gab es noch lange nach dem Erscheinen des Menschen. Das komplette Skelett eines gewaltigen Mammuts, *Archidiskodon imperator*, das im Naturkundemuseum von Denver ausgestellt ist, wurde zusammen mit einer Speerspitze gefunden. Neandertaler stapelten in obskurer, religiöser Absicht säuberlich die Schädel des *Ursus spelaeus*, des großen Höhlenbären, übereinander. Sogar das unglaubliche *Glyptodon*, ein gepanzertes Säugetier, das nach Größe und Form einem Käfer-Volkswagen glich, prustete vor lediglich zehntausend Jahren durch die südamerikanischen Pampas, durchaus spät genug, um von den wachsamen, braungesichtigen Ahnen der kraftlosen Inka-Könige bemerkt zu werden. Und wer weiß schon, wer Zeuge des flüchtigen Lebens von *Stockoceros* war, der vierhörnigen Antilope? Oder Zeuge von *Syndyoceras*, einem dem Rotwild ähnlichen Wiederkäuer mit zwei Paar Hörnern, davon eins genau in der Mitte des Gesichts? Von *Oxydactylus,* dem Giraffen-Kamel? Von *Daphoenodon*, dem Bär-Hund? Von *Diceratherium*, dem kleinen Rhinozeros, oder *Dinohyus*, dem enormen Schwein? Wieder und wieder fand Sapers in den Annalen dieser Geschöpfe mysteriöses Verschwinden, unerklärten Abgang. «Am Ende des Pliozoikums waren alle amerikanischen Rhinozerosse ausgestorben oder in andere Erdteile abgewandert.» «Nachdem die Familie der Pferde in Nordamerika so erfolgreich existiert hatte, … findet ihr Verschwinden aus dieser Hemisphäre keine plausible Erklärung.»

Sapers blickte sich in seinem Apartment um. Mit Genugtuung sah er, daß es außer ihm nichts Lebendes hier gab. Keine Haustiere, keine Pflanzen. Entdeckte er Küchenschaben, brachte er sie um. Aber für ihn selbst hatte dieser Ort eine archaische Reinheit. Das Atmen war leicht hier.

Das Telefon klingelte. Es war seine Mutter. Er fragte: «Wie geht's dir?» und erhielt eine detaillierte Antwort – Brustschmerzen, Neuralgien, Kurzatmigkeit, eingeschlafene Glieder. «Was kann ich daran ändern?» fragte er.

«Du kannst aufhören, mir eine geistige Last zu sein», antwortete sie prompt mit einer Munterkeit, dachte er, die mit ihrem körperlichen Verfall nicht vereinbar schien. «Du kannst zum Beispiel zu deinen Lieben zurückgehen. Du kannst ein guter Junge sein.»

«Ich *bin* ein guter Junge», argumentierte er. «Alles, was ich tue, ist in meinem Zimmer sitzen und lesen.» Solch ein Verhalten hatte ihr einst gefallen; jetzt tat es das offenbar nicht mehr. Sie seufzte, wie Markman über ein *Uintathere*, und wechselte geringfügig das Thema.

«Wenn ich plötzlich dahinscheide», sagte sie, «mußt du sofort herkommen und auf die Antiquitäten achten. In der Nachbarschaft geschehen augenblicklich schreckliche Dinge. Beim Tod von Mrs. Peterson haben sie einen Lastwagen bis direkt vor die Tür gefahren, und als die Tochter aus Omaha angeflogen kam, fand sie ein leeres Haus. All das kostbare Spode-Porzellan und der Eck-schrank gleich mit.»

«Du stirbst nicht plötzlich», hörte er sich sagen; es klang wie ein Rüffel, obwohl er es zu ihrer Beruhigung gemeint hatte.

Nach einer Pause fragte sie: «Gehst du noch ab und zu in die Kirche?»

«Nicht so oft, wie ich sollte.» ... *keine plausible Erklärung.*

«Alle hier bei uns beten für dich», sagte sie.

«Alle?» *Einfach in andere Erdteile abge-wandert.*

«Letzte Nacht habe ich kaum eine Stunde geschlafen», sagte seine Mutter, «weil ich an dich dachte.»

«Bitte, hör auf damit», bat Sapers. Als das Gespräch zu Ende war, blieb er nachdenklich sitzen. Wir alle sind, alle Lebenden sind Zeit-genossen des aussterbenden Wals, des Flo-rida-Lamantin, des Bengalischen Tigers, des schreienden Kranichs.

Er fühlte sich wie ein Asthmatiker. Die Sei-ten über ausgestorbene Säugetiere erstickten ihn mit ihren unzähligen belanglosen, jäm-merlichen Tatsachen. *Amebelodon*, ein «Schaufelzähner», Fundort Nebraska, besaß einen sechs Fuß langen Unterkiefer mit zwei

flachen Zähnen, die gerade daraus hervor-
ragten. Wohingegen *Stenomylus* ein zartes
kleines Kamel war. Warum ist der Kopf eines
Pferdes so lang? Weil seine Augen für die
Wurzeln seiner starkkronigen oberen Bak-
kenzähne Platz machen mußten. Aber sogar
Eohippus besaß interessanterweise eine
Zahnlücke. *Creodontes*, die primitivsten unter den fleischfressenden Säugetieren, beweg-
ten sich auf platten Spreizfüßen; tatsächlich
wirkte das ganze Tier, wie Sapers zugeben
mußte, recht mittelmäßig durchkonstruiert
im Vergleich zu Katzen und Hunden. «Die
Insektenfresser indes haben nur die allerge-
ringsten Fortschritte erzielt, in jeder Richtung» – in einem plötzlichen leichten Anprall
von *Cathexis*, der sein Gewicht im Stuhl ver-
schob, liebte Sapers die Insektenfresser; er
schloß ihren formlosen, schamlosen, ängst-
lichen Archetypen in sein Herz. «Füße und
Zähne verschaffen uns die meisten Informationen über die Lebensweise eines ausgestor-
benen Säugers...» Natürlich, dachte Sapers.
Sie tun weh.

Aufgaben

1. Obwohl A mit B schläft, träumt er nachts von C. C steht am äußersten Punkt oder (wenn man das Bild zweidimensional betrachtet) am Scheitelpunkt einer gekrümmten Auffahrt, vielleicht eine Traum-Strahl-Brechung der Zufahrt jenes Hauses, das einst ihr gemeinsames gewesen war. Ihre Figur, bekleidet mit einem tomatenroten Sommerkleid, wirkt, obwohl durch die Perspektive verkleinert, äußerst lebendig; der Kopf ist zurückgeworfen, die Hände sind in die Hüften gestemmt, und ihre Beine stehen weit und selbstbewußt auseinander. Sie stellt sich zur Schau, vielleicht lacht sie; er hat den Eindruck von intensiver weiblicher Vitalität, sein Gefühl ist Verlangen. Er erwacht besorgt. Der Schlaf von B neben ihm ist ungestört; sie ruht in der Gewißheit, daß A sie liebt. Tatsächlich hat er zum Beweis ihretwegen C verlassen.

AUFGABE: Wen hat er gründlicher betrogen, B oder C?

2. A lebt sieben Blocks von dem Waschsalon entfernt, zu dem er am liebsten geht. Er lebt 3,8 Meilen von seinem Psychiater entfernt, die durchschnittliche Fahrzeit zu ihm beträgt im dichten Nachmittagsverkehr 22 Minuten. Die normale Sitzung, inklusive vor- und nachtherapeutischen Geplauders, dauert 55 Minuten. Der normale Waschzyklus in dem Typ von Toplader, der vor allem in dem Waschsalon steht, dauert 33 Minuten. Der Psychiater und der Waschsalon liegen an derselben Ausfallstraße.

AUFGABE: Kann A auf dem Weg zu seinem Psychiater seine Wäsche in eine Maschine stecken und zurückkommen, ohne erleben zu müssen, daß seine nasse Wäsche gestohlen worden ist?

AUFGABE FÜR SONDERPUNKTE: Wenn der Termin beim Psychiater auf 15 Uhr angesetzt ist und die Länge eines Häuserblocks mit ⅛ Meile angenommen wird, und wenn A die beiden Reinigungsvorgänge in Serie schaltet, den Waschsalon als zweiten ansetzend, und wenn des weiteren der Trokkenzyklus, den man für einen Vierteldollar (25 Cent) erstehen kann, eine Viertelstunde (15 Minuten) dauert, und die durchschnittliche Füllung zwei dieser Zyklen benötigt oder alles ist noch zu feucht und kann nicht nach Hause gebracht werden, ohne osmotisch die Brust des Trägers zu nässen: Um welche Uhrzeit wird A in der Lage sein, sich einen Drink einzugießen? Runde auf die nächste volle Minute auf.

Berechne die Zeit für zwei Drinks.

Berechne die Zeit für drei, mit einer nassen Brust.

3. A hat vier Kinder. Zwei sind auf dem College, zwei besuchen eine Privatschule. Die jährlichen Collegekosten belaufen sich auf je $ 6300, die für die Privatschule auf $ 4700. As jährliches Einkommen sei n. Drei Siebtel ($3/7$) von n gehen drauf für kommunale und bundesweite Steuern. Ein Drittel ($1/3$) geht an C, die die Auffahrt ausbessern läßt. Die gesamten Ausbildungskosten entsprechen fünf Einundzwanzigstel ($5/21$) von n. Die wöchentliche Ausgabe für den Besuch beim Psychiater beträgt $ 45, für den Besuch des Waschsalons $ 1,10. Zum Zwecke der Berechnung nimm an, dies seien As einzige Ausgaben.

AUFGABE: Wie lange kann A noch so weitermachen? Runde auf die nächste volle Woche auf.

4. Der Preis für Kieselstein beträgt $ 13 pro Kubikelle. Eine Lastwagenladung besteht aus 3 ¼ Kubikellen. Die Auffahrt von C ist 8 Fuß 6 Zoll breit und beschreibt eine Ellipse, deren Brennpunkte zwei 31 Ellen voneinander entfernt stehende alte Croquetstangen sind. Eine senkrecht zur Verbindungslinie zwischen den Stangen gezogene Linie, die diese in der Mitte teilt, trifft, so wie sie der Bauunternehmer abgeschritten hat, die Begrenzung der Auffahrt in genau neun Schritten. Er ist ein großer Mann mit Schuhgröße 12. Die durchschnittliche gewünschte Dicke der Kieselstein-Lage einer Vorstadtauffahrt, sagt er, betrage ein und einen halben Zoll (1 ½"). Ein bißchen mehr, und man hat Berge und Täler; etwas weniger, und es fehlt dieses köstlich knirschende Geräusch wie von Murmeln, die in einer Kaffeekanne rollen.

Zusätzlich zu der Ellipse gibt es eine Gerade, die sie mit der Pleasant Avenue verbindet. Die Länge dieser Geraden verhält sich zum Radius der Ellipse wie $\sqrt{2}$ zu π.

Zu den Grundkosten pro Lastwagenladung kommen zusätzlich $ 10,50 die Stunde für den Fahrer, plus eines gelegentlich gratis und freundlich angebotenen Bieres à $ 1,80 pro Sechserpack.

AUFGABE: Warum tut C dies alles?

5. As Psychiater glaubt, A erlebe Wachstum, meßbar in geglückter psychischer Entfernung von C. Jedoch nach Tristans Gesetz verhält sich Anziehungskraft umgekehrt proportional zur Erreichbarkeit. Die Erreichbarkeit ist in etwa proportional zu der psychischen Entfernung.

Da eine psychische Masse M in ihrer augenscheinlichen Größe durch die Perspektiven des Sich-Zurückziehens reduziert wird, nimmt ihre Anziehung durch Gravitation proportional zu. Es gibt eine Kurve, nach der die Anziehung durch Gravitation stärker ist als die Vernunft, obwohl der augenscheinliche Anziehungspunkt, genau wie die augenscheinliche Position aller Sterne außer den nächsten, eine Illusion sein kann.

AUFGABE: Konstruiere diese Kurve. Finde den sternenähnlichen Punkt, an dem As Verstand sich zu biegen beginnt.

LÖSUNGSHINWEIS: Das «in etwa» oben beläuft sich auf $3/7$.

Gesetz des Midas: Besitz vermindert die Wahrnehmung von Werten unmittelbar.

6. B ist schön. Klare blaue Augen, blauer

Jeans-Minirock, niedliche kleine blaue Adern hinter den seidenen Knien. C schwindet rapide, ein tomatenroter Fleck in einem ungetrübten Azurblau. Alle vier Kinder von A haben ein Stipendium bekommen. Sein Psychiater ist mit der Couch in ein walnußgetäfeltes, mit einem tabakbraunen Teppich ausgelegtes Domizil genau über dem Waschsalon gezogen, nur eine schnelle Treppe von 22 Stufen hoch. Der Preis von Kieselstein ist wegen der Rezession drastisch gesunken. Es ist ein schöner Tag, ein klarer blauer Montag.

AUFGABE: Irgend etwas stimmt hier nicht. Aber was?

Das Eierlaufen

Oder nannte man es das Löffellaufen? Die
Kinder stellten sich in einer Reihe auf, und
jedes hielt auf einem Löffel ein Ei vor der
Brust. Die Eier wackelten prekär unter ihrem
eigenen halb flüssigen, halb lebendigen Gewicht. Auf die Plätze, fertig, los. Wer sein Ei
fallen ließ, war natürlich raus. Vor vierzig
Jahren gab es in jener ländlichen grünen
Welt, die den Wert ihrer Produkte noch nicht
kannte, keine Aufregung über ein bißchen
Pampe, und die fallengelassenen Eier wurden
beiläufig von der Erde des Spielplatzes aufge-
sogen, wo das Rennen jeden Sommer einmal
stattfand, bei irgendeinem Fest, an dem die
Götter des Kalenders und der Nation sich tief
zu den Kindern herabneigten, strahlend, und
ihnen so schlichte Preise verliehen wie einen
Schokoladenriegel oder einen gefalteten Pa-
pierdrachen. Ferguson hatte lange nicht
mehr daran gedacht, doch in letzter Zeit
wurde er von Erinnerungen und Vorahnun-
gen heimgesucht, als hätten seine mittleren
Jahre ihn dafür empfänglich gemacht.

Im Traum erschien ihm sein Vater, lebendig wie aus Fleisch und Blut. Was hatte das zu bedeuten? Der Mann war vor fünf Jahren gestorben, während er selbst zu einer Grabung im Irak weilte. Ferguson war Archäologe, er suchte nach untergegangenen Städten. Noch im Sterben, dachte er damals, nahm sein Vater Rücksicht, ersparte ihm die Entscheidungen am Krankenbett, die Nachtwachen im Hospital, die Peinlichkeiten des Abschieds. Der Kreislauf des alten Mannes war seit mehreren Jahren nicht in Ordnung gewesen. Bei der Beerdigung hatten erstaunlich viele ehemalige Schüler und Kollegen des Toten geweint und zitternde Ergriffenheit gezeigt. Er war Lehrer an der High School gewesen; sein Leben war im Treibsand der immer wieder nachwachsenden, undankbaren Jugend von Hayesville versickert. Doch nun, bei der Beerdigung, kam dieses verschüttete Leben wie ein mächtiger Strom wieder ans Licht, in den Tränen der Freunde, und beschämte den Sohn, dessen Augen trocken blieben, weil er sich vor allem erleichtert fühlte. Die Beerdigung ging vorüber; Fergusons Karriere führte ihn von neuem in die Wüste und wieder zurück. Er verließ seine Frau wegen einer anderen. Er hatte diesen

Schritt lange erwogen, hätte ihn aber niemals gewagt, solange sein Vater noch lebte. Warum eigentlich? In all den Jahren seines Heranwachsens hatte Ferguson nie einen väterlichen Tadel gehört. Sein Vater hatte ermutigt und verziehen, nichts sonst. Es hatte ein großes, nie erwähntes Leid gegeben, vor dem ihn sein Vater beschützte bis zum Ende.

In seinem Traum reisten sie zusammen, wie sie es so oft getan hatten, in einer konfusen, aber erheiternden Manier. Autos gingen zu Bruch, Brieftaschen leerten sich, Schaffner wurden grob, und doch kamen Vater und Sohn weit herum, und was ihn aus dem Traum anwehte – mit solch bestürzender Frische, daß Ferguson erwachte –, war der *Atem* der Reise, worin sich Geschwindigkeit mit dem schüchternen Lächeln seines Vaters mischte, der so väterlich darauf bedacht war, dem Sohn zu gefallen. Der Vater lächelte in dem verschwommenen, niedrigen Gefährt zu ihm herüber, in dem er reiste, und das Lächeln besagte, sein Sohn sei *bei* ihm und würde ihm Gesellschaft leisten. Ferguson erwachte bestürzt; im Licht der Dämmerung löste sich das seltsame Glück dieser verlorenen Begleitung in nichts auf, während seine zweite Frau reglos neben ihm schlief.

Jenes Glücksgefühl, mit dem Vater eine unter Unsternen stehende, aber fröhliche und aufschlußreiche Reise zu unternehmen, hatte auch er seinen Kindern zu vermitteln versucht, doch ihre gemeinsamen Abenteuer wirkten wie Eingrenzungen, denen nicht nur das authentische spätchristliche Flair des toten Wanderers fehlte (stoisch und doch liebenswert töricht, verzweifelnd und doch beschützend), sondern auch das richtige kärgliche Drumherum. Die Wirtschaftskrise war vorbei, keine Straßenbahnen schaukelten mehr durch die Innenstädte, die Leute bestiegen nicht mehr im Sonntagsstaat die Eisenbahnen, auf dem Bahngelände voller Unkraut blitzte keine Steinkohle mehr auf, und der nächste Ort war kein fremder Planet mehr. Wie selbstverständlich tauschten Fergusons Kinder ihre Zehngangräder gegen Führerscheine ein, und am Ende brauchten sie nicht einmal mehr seine Hilfe, um irgendwo hinzufahren. Er hatte sie zu einem Zeitpunkt verlassen, meinte er, der nur um ein geringes dem Augenblick zuvorkam, da sie selbst ihn verlassen hätten.

Nach der Scheidung hatte es noch ein paar Reisen mit den Kindern gegeben. Ein Sohn, gerade siebzehn geworden, gestattete Ferguson, ihn auf einem Rundtrip zu den kleinen Universitäten im Mittelwesten zu begleiten. Eine Woche lang wechselten sie von einem Motel zum nächsten, mit Ausblick auf Seen und Maisfelder, schwebten in Flughäfen ein, die leicht konkav in die allgemeine Flachheit eingebettet waren, oder hoben von ihnen ab, spazierten über Universitätsgelände, Neugotik, Neoklassik oder Neu-Bauhaus, bewunderten Kapellen, Bibliotheken und audiovisuelle Labors und kehrten am Abend zum Motel des Tages zurück, um an der Bar Bier zu trinken. Zu Fergusons Überraschung wurde dem Jungen nie die Bedienung verweigert. Eines Abends in Iowa beschlossen sie nach zwei Bieren, im Motel-Pool zu schwimmen. Der Pool lag grün und still und einladend unter der Sternenkuppel, mitten im fremden Mais. Sie waren die einzigen Schwimmer. Während Ferguson brav von einem Beckenrand zum andern kraulte, machte der Junge Salti rückwärts vom Brett. Er war groß geworden, mit welpenhaftem Speck an Armen und Beinen, und bei jedem Sprung spritzte es tumultuös. Als er aus dem Wasser stieg, bibberte er fröhlich und erzählte seinem Vater: «Ich hab einen ganzen Sommer gebraucht, um mich das zu trauen.»

Die Bemerkung drängte Epochen zusammen: das Kind, dessen Schultern in ein Motelhandtuch eingepackt waren, schien genau zwischen Jungsein und Mannsein zu schweben, zwischen dem werdenden Collegestudenten und dem Wickelkind, das in der Verkürzung zusammenaddierter Sommer sich ans Ende des Sprungbretts wagte, um sich rücklings ins wäßrige Element zu werfen. Das ermutigende, kameradschaftliche Lächeln des Jungen ähnelte, bis hin zu dem verschwommenen Schleier von Furcht, dem des verstorbenen Großvaters. Es war ein Moment der Ernte für Ferguson, der fühlte, daß ihm für den Augenblick verziehen war.

Sein Beruf brachte ihn zum Smithsonian-Institut, wo er durch eine Ausstellung lief, die zeigte, wie die Amerikaner einst gelebt hatten. Blockhütten, Eckkneipen, Einwanderer-Wohnungen – alles liebevoll rekonstruiert und hinter Glas gepinnt wie riesige Schmetterlinge. Überrascht blieb er vor einem alten Klassenzimmer stehen. Reihen von schrägen Pulten mit Tintenfässern waren am Boden festgeschraubt, auf einer Tafel standen in Kreide großflächige Beispiele von Palmers Schönschrift-Methode; über der Tafel hing

George Washington in Stuarts unvollendeter Version und auf der Seite der Fenster, die wahrscheinlich auf einen Asphalt-Spielplatz hinunterblickten, eine bräunliche Landkarte der Gewürzstraßen. Verwirrt stand Ferguson davor. Was war historisch an diesem Ausstellungsstück? In so einem Klassenzimmer hatte er gelernt. Wenn nicht das Glas wäre, könnte er eintreten – ein schäbiger kleiner Streber, der oft als erster kam – und seinen Platz einnehmen.

Immer öfter besuchte er Krankenhäuser. Die gepolsterten Eingangshallen, die glänzenden Korridore, das allgegenwärtige Geklapper und die geheimnisvolle Geschäftigkeit: sie, und Flughäfen, sind unsere Kathedralen. Ein Kollege von Ferguson lag mit Lungenkrebs im Sterben. Furchtsam betrat Ferguson das Zimmer, denn er hatte Angst vor dem Tod, stellte jedoch erleichtert fest, daß er nichts Abstraktes vorfand – vielmehr die höchst spezifische Gestalt seines alten Partners, des Vorsitzenden seiner Fachschaft, dessen zweibändiges Werk über Toltekische Tempelhügel den heißbegehrten Schliemann-Preis gewonnen hatte. Er war sieben Jahre älter als Ferguson und weitaus gescheiter, und er war ihm zu einer Art Vaterfigur geworden. Nun hatte sich sein langer Denker-Kopf über dem nackten Hals eines Krankenhaus-Nachthemds durch die bläßliche Ermattung in den einer alten Frau verwandelt, eines Hausdrachens. «Ich fand, Ihrem letzten Aufsatz», sagte er mit schleppender, von Medikamenten behinderter Zunge, «mangelte es eine Spur an Präzision. Auf Grund einer einzigen Scherbe nehmen Sie die Existenz einer neuen Schicht an. Was ist dann mit den Gräbern von Ebene XII? Sie haben eine komplette Population um drei bis vier Jahrhunderte verrückt.» Ferguson stellte sich vor, wie ganze Schichten von Toten ihre Tongefäße, Lapislazuli-Perlen und Sandsteintotems zusammenklaubten und weiterrückten, einzig und allein seinetwegen. «Wissen Sie», fuhr sein Kritiker müde fort, «so ein Bruchstück könnte ein bloßer Ulk sein, die versprengte Kopie eines kretischen Vorbilds oder etwas, das aus Anatolien mitgebracht worden ist. Die Toten waren weitgereiste Leute – vergessen Sie das nie.» Irgendwie liebte Ferguson diesen Mann, weil er wußte, was er selbst wußte, und mehr. Beide waren sie gespaltene Charaktere, die in schattigen Universitäten die hellen, krustigen Früchte ihrer Raubzüge abluden, welche sie in Ländern aus Sand und Sonne unternommen hatten, umgeben von analphabetischen Tagelöhnern, bedroht von Banditen. Woher dann aber dieses triumphierende Beben in Fergusons Brust? Seine Stimme klang gnadenlos frisch und klar im Kontrast zu den sedierten Vorhaltungen des anderen.

«Nur Khirbet Kerak hat diese Rillen», sagte Ferguson. «Im nächsten Sommer bringe ich Ihnen mehr davon mit. Tonnen von Scherben. Ich bin sicher, sie liegen dort.»

Im nächsten Sommer. Der Sterbende starrte auf eine leere Wand, eierschalenweiß, und atmete aus.

Ferguson wechselte das Thema. Er bewundere das Zimmer, sagte er aufmunternd – seine Größe, den Ausblick auf die sanften Hügel der südlichen Vorstädte von Boston.

Sein Kollege seufzte versöhnlich. «Menschen in unserem Alter sollten eingesperrt werden. Wir lassen uns zu sehr gehen. Sie haben sich scheiden lassen, und ich stehle aus meinem Nachlaß jeden Tag zwei Riesen für dieses Zimmer mit Ausblick.»

Ferguson blickte auf, eine Erwiderung auf der Zunge, und sah das Gesicht seines Gegenübers plötzlich schon unter der Erde. Eine Welle von Mitleid dämpfte das triumphierende Jagen seines Herzens. Er wünschte den Kollegen vor der erdrückenden Masse zukünftiger Zeit zu retten, die er nicht mehr erleben würde – er wollte ihn aus dem Bett heben, so wie er die Scherben einer zerdrückten Amphore aus den Ablagerungen von Jahrhunderten heraushob. Vergib mir, sagte Ferguson zu sich selbst, in diesem Zimmer, das schon verlassen schien.

Draußen überragten die grauen Mauern des Krankenhauses die sonnige Wohngegend wie eine anonyme Fabrik, die ein obskures, aber weithin benötigtes Produkt herstellt. Ferguson lief durch die Straßen und sah, wie sehr Shakespeare recht hatte: Leben war eine Sache von Stufen. Da war das Kleinkind in seinem Wagen, vom Schaukeln besänftigt, und da war der Schuljunge, der barfuß und mit einem Baseballschläger eine Seitenstraße entlangtrottete zu einem Sportplatz, zu einem letzten Spiel zwischen den langen Schatten. Auch Ferguson war dort gewesen; er hatte noch den Geschmack jener staubigen, endlosen Nachmittage im Mund. Da war der junge Ehemann, mager in seinen Hemdsärmeln, der sich herabbeugte, um den quengelnden Dreikäsehoch bei der Hand zu nehmen, während die Frau an seiner Seite in ihrem Bauch selbstzufrieden eine weitere Verpflichtung ausbrütete. Die Handgriffe beim Windelwechseln waren in Fergusons Händen noch so lebendig wie das granulierte Grapschen, mit dem ein kleines Kind während des Gutenachtlieds nach einem einzelnen Finger griff. Und da ging der in Scheidung Lebende, hager, aber erleichtert, und trug eine Flasche Gin und tiefgekühltes chinesisches Essen in sein Apartment, das er genauso eingerichtet hat wie die letzte Behausung, die er allein bewohnt hatte, seine Studentenbude: verschwenderisch mit Postern und sparsam mit Lampen. All diese Rollen müssen nicht wiederholt werden, hat man sie nur einmal gründlich durchgespielt. Es war paradox: Obwohl Ferguson in der Theorie den Tod fürchtete, war er in der Praxis erleichtert darüber, daß nie wieder jemand von ihm verlangen würde, jung zu sein.

Für die mittleren Jahre gibt es spezifische Kennzeichen, Anhaltspunkte, unterscheidende Gefühls-Artefakte: zum Beispiel jene Glasur von Unwirklichkeit, die selbst in Momenten früheren Hingerissenseins dazwischentritt. Die mittlere Distanz verschwimmt, und der Fußboden scheint sich schräg zu legen, wie bei einem unsicheren

Flugzeugstart zu einem hoffnungslos entfernten Ziel. Eine neue Brille kann da helfen. Die Achse des Astigmatismus rotiert, die Welt dreht sich, die Seele sieht sich in einem Haus mit schmutzigen Fenstern gefangen. Andererseits läßt sich die Post, einst so voller Geheimnisse und Anregungen, nun lesen, ohne daß man die Umschläge öffnet: Fotos von Krüppeln und Hungernden, zornige Eingaben für mehr Gerechtigkeit, kameradschaftliche Appelle an die Ehemaligen, Berichte gelehrter Gesellschaften, Reklamen für unerwünschte Schätze, Sonderdrucke von Privatgelehrten, Fotokopien von Fotokopien. Ungeöffnet kann dies alles in den Papierkorb wandern, sauber ins Nichts gesendet. Eines Tages rettete Ferguson einen Umschlag aus dem Abfall, als er merkte, daß seine Anschrift mit der Maschine geschrieben war, nicht auf Matrize. «Lieber Fergy», begann der Brief in einer klaren, platten Palmer-Schönschrift aus vergangener Zeit und fuhr mit einer Reihe von hektografierten Ausrufesätzen fort: «Komm zu *Deinem* fünfundzwanzigsten! Der Abschlußjahrgang 52 der Hayesville High-School braucht DICH!!» Das unterstrichene, in übergroßen Lettern geschriebene «DICH» verlieh ihm dieselbe spirituelle Bedeutung, federleicht und komisch, mit der er aus dem Traum von seinem Vater erwacht war. Er würde hinfahren. Das Sendschreiben war von Linda Weed Gottfinger unterzeichnet, der ehemaligen Klassensprecherin. Ferguson war zusammen mit ihr in den Kindergarten gegangen. Linda Weed stahl ihm auf dem Weg von der Schule nach Hause immer die Schultasche und behielt sie so lange, bis er weinte. Sie war quicklebendig gewesen, mit einer Stupsnase und Zöpfen, und auch, als ihre Figur reifte – ihre Brüste waren über Nacht zu erstaunlichen, weichen Vorsprüngen geworden –, waren ihr Bauch flach und ihre Beine schlank und fest geblieben. «Lieber Fergy» – das war ihre Handschrift.

Während die Band all die alten Nummern von *Near You* bis *Tangerine* spielte, erkannte Ferguson nach Mitternacht durch einen Schleier von Bourbon, daß er zusammen mit diesen altgewordenen Kindern und Sprachfehlern und Melodien das Paradies kennengelernt hatte. Trotzdem wünschte er sich nach Hause. Er war allein gekommen. Seine alte Rolle – die des einsamen Strebers – wartete auf ihn wie ein schäbiger Anzug: Sie saß tadellos. Die Band spielte *Rag Mop*, und Linda Weed strebte zielbewußt auf ihn zu. Während die anderen tanzten, alten Liebeskummer noch einmal durchlebten oder einander in den Toiletten des Motels beim Erbrechen halfen, führte sie eine Umfrage für die Festschrift zum Fünfundzwanzigjährigen durch, die vervielfältigt und herumgeschickt werden sollte. Sie fragte ihn: «Ledig, verheiratet, getrennt lebend oder geschieden?» Ihr Stift lauerte, schlank und wachsam. Mit ihren dreiundvierzig hatte Linda noch ihre alte Figur. Ein paar Schönheiten aus ihrer Klasse waren vom eigenen Fett völlig verschluckt worden, so daß Ferguson bei ihrem Anblick meinte, einem Akt von Kannibalismus beizuwohnen oder auf einen Pharao zu blicken, der dick bandagiert in einem sperrigen Sarkophag lag. Auf der Suche nach der richtigen Antwort sah er zur Decke. Das Motel hatte den Ballsaal mit rotem und weißem Kreppapier geschmückt, obwohl die Farben ihres Jahrgangs in Wirklichkeit beige und braun gewesen waren. «Beige und braun, beige und braun», hatte ihr Lied begonnen, und dann folgte eine nebelhafte Zeile, die mit «Traum» endete. Ferguson antwortete mit Bedacht: «Alles vier. Aber nicht alles auf einmal.»

«Ich meine, was du jetzt bist?»

«Krank vor Heimweh.»

«Also, ich schreibe ‹verheiratet› hin.» Schon im Kindergarten hatte man es mit diesem Mädchen kaum aufnehmen können. Kühle, grüne Augen und ein falscher Zahn, wenn sie lachte. Sie war gestürzt, als sie auf dem Klettergerüst des Spielplatzes eine Hängebrücke versuchte. Die Band wechselte über zu *Across the Alley from the Alamo*.

«Beruf?» fragte sie.

«Ausgräber», sagte er, und das schien ihm zutiefst wahr zu sein. Er versuchte, ihr klarzumachen, wie wahr: «Ich versuche, wieder ans Licht zu bringen, was verborgen war. Im letzten Winter habe ich eine einzige Scherbe gefunden, die Tausende von Skeletten dazu gebracht hat, beiseite zu rücken.»

«Fergy, du bist betrunken», erklärte sie.

Es war in der siebten Klasse gewesen, daß ihre Brüste so erstaunlich geworden waren, unter dem flauschigen Angorapullover jener Zeit. Nun, als wolle sie jedermann wissen lassen, daß diese Brüste zwei Kriege in Asien, sechs Präsidenten, fünf Rezessionen und vier Kinder überlebt hatten, trug die Klassensprecherin wie in den Fünfzigern ein trägerloses, tief dekolletiertes Korselett aus zitronenfarbenem Chiffon. War das ihr Kleid vom Abschlußball, durch ein Wunder erhalten geblieben? Ein Hauch von Eisenhower und Orchideen-Körbchen stieg aus ihrem Ausschnitt empor. Niemals, nicht in alle Ewigkeit, würde er ihre Brüste sehen, dachte Ferguson verdrossen. Linda hatte ihren Freund aus der zehnten Klasse geheiratet und Hayesville niemals verlassen; sie war nie ins Land der Schuld gereist.

Ringsum kramte man in Erinnerungen, tanzte oder fiel hin. Ein Durcheinander wie von Scherben, losen Perlen und geretteten Statuetten erfüllte den Ballsaal und Fergusons Schädel. Unverhofft kam ans Licht, was verborgen gewesen war. Nasty Kegerise, der Widerling der Klasse, kam zu ihnen herangewalzt. Er besaß eine millionenschwere Elektronikfirma namens Xister Inc. Nasty war schwammig und grau geworden und trug eine Zweistärkenbrille, aber er war immer noch, mit andauernder Immunität, der Klassenwiderling. Er blinzelte Linda schelmisch an und schnippte lässig einen Chiffonflügel ihrer Korsage beiseite samt dem eingebauten BH. So lag für eine Sekunde ihre weiche, konische Brust auf dem polierten Tablett von Fergusons Blickfeld. Ihm stockte der Atem.

Ihre Brust war vollkommen, weißer und üppiger, als er es sich hätte träumen lassen, schwer und doch fest in ihrem schattigen Körbchen, so vollkommen wie ein Ei.

Linda gab Nasty einen Klaps auf die Hand und zupfte die Corsage kaltblütig wieder zurecht. Ihre Gelassenheit bekam erst einen Sprung, als ihre katzengrünen Augen unerwartet Fergusons Blick auffingen und darin eine Seligkeit entdeckten, die sie – vielleicht – so nicht erwartet hatten, Seligkeit wie eine Blüte, aus einem schlanken Zweig der Sehnsucht vor dreißig Jahren gesprossen. Sie setzte wieder den Stift an: «Wo wohnst du im Augenblick?» – «Vergesse ich dauernd.»

Vor den Fenstern des kleinen, mit Zeder-Schindeln gedeckten Hauses in Maine kündeten Kiefernzweige von urtümlicher Stille, von Indianern, von fast sibirischem Fels und Moos, ehe die Beringstraße den Kontinent samt seinem grausamen Traum von Freiheit abschnitt. In der Nähe war ein altes Flußbett, aus dessen Schlick er und seine zweite Frau und ihr einziges Kind, ein Junge, Speerspitzen klaubten.

Lindas Stift blieb gezückt. «Hat Amerika», setzte sie ihre Umfrage fort, «seine Versprechungen dir gegenüber gehalten?»

«Es geht», sagte Ferguson.

Sie schlug ihr Notizbuch zu. Die Band setzte mit *So Tired* wieder ein, mit diesen Klagelauten der gestopften Trompeten, die einem das Herz gefrieren lassen.

Der Klassenriese trat hinzu, früher ein Footballstürmer und Kugelstoßer. Inzwischen war er kahl geworden. «Du bist nicht vom gleichen Holz wie dein Vater», sagte er zu Ferguson.

«Ich weiß. Tut mir leid.»

«Dein Vater konnte einem Mut machen, verdammt. Ich weiß noch ganz genau, wie er immer zu mir sagte: ‹Jetzt bist du auf dem Gipfel deiner Blödheit, aber du kommst schon wieder runter. Was aufsteigt, muß auch wieder fallen.› Hat er gesagt. Und einen Tafelschwamm in die Luft geworfen. ‹Die letzte Meile ist die schwerste›, hat er auch oft gesagt, und ich hab nie gewußt, was er meinte. Nun weiß ich's. Nun weiß ich's.» Der Riese starrte auf Ferguson herab, der in einem Graben aus Trauer und Liebe versunken war, und nirgends ein Abfluß. Wenn er jetzt weinte, würde er dann seine Schultasche zurückbekommen?

Goodnight, Irene spielte die Band zum Abschluß, *Goodnight, Irene*.

Der nächste Tag war ein Samstag. Verkatert strich Ferguson durch die Stadt, durch sein vergangenes Hayesville. Außer an den Rändern, wo in seiner Kindheit die Felder noch Mais getragen hatten und Bäche unter Brunnenkresse, die alte Frauen geerntet hatten, erstickt waren, hatte sich Hayesville wenig verändert. In den Nebenstraßen standen kuriose Artefakte, Käfige aus Draht und Holz, und mit einigen Schwierigkeiten gelang es Ferguson, sie als Straßen-Hockey-Tore zu identifizieren. In seiner Jungenzeit hatten sie nur solche Spiele gespielt, wo ein Ball durch die Luft sauste. Der Baseball war ein schwarzer Fleck im herumwirbelnden Himmel, der dicke Basketball schrammte an der Tribüne vorbei, das Football-Ei fand die Fingerspitzen des herangaloppierenden Verteidigers. Die alte Grundschule, eine gotische Festung auf einem See aus Asphalt, war mit Brettern vernagelt, deren verwitternde Flächen aufgesprühte revolutionäre und rassistische Parolen trugen. Sie hatten die Schulzimmer an das Smithsonian-Museum verkauft. Es hatte bei der Schule einen kleinen Laden für Süßigkeiten gegeben, Bonnies Bonbons, zu dem die Kinder während der Pausen hinschlichen, und zu Fergusons Überraschung war er noch da. Er betrat die Krypta und kaufte für zehn Cent von den alten Süßigkeiten – Geleehütchen, Lakritzpfeifen, Nougat in Wachspapier und Kokosnußstreifen, die wie Frühstücksspeck aussahen. Der gichtige, hutzlige alte Mann hinter der blind gewordenen gläsernen Theke füllte Stück für Stück geduldig in ein Papiertütchen. Er drückte Ferguson das Wechselgeld so in die Hand, daß sich seine Finger wie bei einem Kind fest um die Münzen schlossen. «Schön festhalten, Fergy», sagte er mit Singsang-Stimme, «nichts fallen lassen.» Bonnies Bonbons, ein lebendes Fossil. Ferguson war bekannt, wohin er auch ging. Die schiefen Holzveranden kannten ihn und die wehenden Gardinen. Auch die Roßkastanien hätten ihn erkannt, wären sie nicht gefällt worden. Die Nebenstraßen kamen ihm lichter, der Himmel leerer vor als zu der Zeit, da er hintenherum von der Schule nach Hause geschlichen war, um Raufbolden zu entgehen. Nun traten ihm keine Schläger in den Weg, nur alte Leute, die sagten: «Wetten, daß Sie mich nicht mehr kennen?» Es stimmte, er kannte sie nicht, aber er erinnerte sich an ihre Kleidung – die gestreiften Hemden und Hosenträger, die sackartigen, baumwollenen Kittelschürzen, und an die talgige Haut, die faltigen Ellbogen und ihre warmen Stimmen, in denen dennoch eine Spur Zynismus mitschwang.

Wie die Salzmaschine am Meeresgrund ständig Salz produziert, hatte auch Hayesville immer neue Hayesviller hervorgebracht. Er war einer von ihnen. Mehr als einmal wurde er mit seinem Vater verwechselt. Die Stadt, die Häuser schrumpften. Aus dem Sportfeld hinter der High-School, wo die Kräuterweiber von Hayesville einst im Kreise gegangen waren, um gebückt Löwenzahn zu pflücken, war ein kleines Stadion geworden. Ferguson warf einen Blick durch die versperrten Portale und sah einen Hektar Kunstrasen vor sich.

Der alte Spielplatz lag noch immer auf dem Erdwall hinter dem Baseballfeld wie ein Dorf der Hopi-Indianer auf einem Tafelberg – eine Gerüste-Siedlung aus Schaukeln und Urwald-Kletterseilen. Schnaufend und schwitzend erklomm Ferguson in seinem grauen Anzug den Wall und wünschte sich zum Schutz für seinen gemarterten Kopf einen Tropenhelm. Und merkte plötzlich, daß er zwischen den Hockeytoren aus vermoderten Kisten und den rostenden Kinderrutschen den Rasen absuchte, als gäbe es noch Spuren

– Reste von Schalen, eingetrocknete Dotterflecken – des Eierlaufens.

Er hatte nie gewonnen. Zweifellos hatte er sich immer viel zu sehr bemüht, sein Ei heil durchs Ziel zu bringen, um wirklich schnell zu sein. Rascher als ein Geher kam man aber nicht voran, und es war eine Offenbarung, wie heftig diese simple Fortbewegungsart den Körper schüttelte und wie bedrohlich das Ei auf seinem Löffel hüpfte und schlingerte. Diese Empfindungen kehrten jedesmal verfremdet wieder, wenn Ferguson eine tükkische Landstraße entlangfuhr oder über den Teppichboden der Eingangshalle eines Krankenhauses ging, um einen Bekannten zu besuchen, oder ein Flugzeug bestieg. Reisen vollzogen sich nur in seinen Träumen, wenn sein Vater ihm zuwinkte, glatt und komplikationslos. Das Eierlaufen hatte fröhlich sein sollen, aber für ihn war es tragisch gewesen, eins von den abstoßenden Dingen, wie das Köpfen von Hühnern und das Zerdrücken von Fliegen und die Überarbeitung der Erwachsenen, die um ihn und über ihm in der Erwachsenenwelt passierte. Und während ihm das Flugticket in der Tasche brannte, die Banditen im Irak ihre Gewehre reinigten und seine erste Frau allein schlief, fragte er sich, ob diese Vorahnung des Tragischen ihn nicht von Anfang an eingesperrt hatte, so daß er sich bis zum heutigen Tag in seinem Leben zusammenkauerte wie in einer zerbrechlichen Schale.

Zu Hause las Ferguson in der Zeitung, daß sein Kollege gestorben war. Am Frühstückstisch kämpfte er den Jubel nieder, der in seiner Brust aufstieg, ein triumphierendes Beben, das seine Hand erzittern ließ, als er ein Stück Ei mit der Gabel zum Mund führte. Der Junge, mit dem er zusammen lebte, rief gebieterisch aus dem ersten Stock. Er war mit Halsweh aufgewacht und nicht zur Schule gegangen. Ferguson hörte beim Umblättern die Mutter mit einem Frühstückstablett zu dem Kind hinaufsteigen und erinnerte sich an jene verlorenen Vormittage, an denen auch er zu Hause geblieben war: an den frischen Orangensaft mit den Kernen vom Auspressen, an die in Streifen geschnittenen Toastscheiben, noch warm vom Toaster, an die Reiskrispies, das blaue Sahnekännchen, den Zucker, an das japanische Tablett, auf dem seine Mutter diese Köstlichkeiten wie die Klötzchen eines Intelligenztests angeordnet hatte, an die fiebergeschwollenen Berge und Täler seiner Zudecke, in denen immerfort Bücher, Buntstifte und stumpfnasige Scheren verlorengingen, während draußen vor den Fenstern der Tag seinen unwiderstehlichen Bogen schlug vom Morgen zum Abend, während die Menschen zur Arbeit fuhren und wieder zurück, morgens zur Straßenbahn hastend und abends müde heimkehrend, an seinen Vater dachte er, der da draußen zusammen mit ihnen litt, ohne daß dem Kinde eine andere Pflicht auferlegt ward, als zu leben, in Sicherheit zu bleiben und gesund zu werden, beschäftigt einzig mit jenem großen Etwas, das Nichts hieß. Das ganze große Haus nahm sich seiner liebevoll an, ließ sich um ihn nieder, gluckend in der Stille, kunstvoll gearbeitete Fassung für das Juwel seiner Gesundheit; alles schmiegte sich wie ein Löffel unter sein Leben, sein einziges, sein unglaublich eigenes Leben, das er nicht fallenlassen durfte.

50 JAHRE ROWOHLT ROTATIONS ROMANE

Helmut Krausser, *Das Liebesleben des Giacomo Müller*

Kathy Lette, *Er kommt um sieben*

Malcolm Lowry, *Hotelzimmer in Chartres*

Klaus Mann, *April, nutzlos vertan*

Henry Miller, *Das kleine Buch der Freunde*

Lorrie Moore, *Zwei Männer*

Paul Morand, *Amouren*

Alberto Moravia, *Ist er nicht reizend?*

Milena Moser, *Der junge Mann von gegenüber*

Harry Mulisch, *Das Standbild und die Uhr*

Robert Musil, *Allerhand Fragliches*

Vladimir Nabokov, *Der Zauberer*

Anaïs Nin, *Pfauenfedern*

Beth Nugent, *Heuschrecken*

Dorothy Parker, *Eine starke Blondine*

Rosamunde Pilcher, *Der Brombeertag*

Edgar Allan Poe, *Die schwarze Katze*

Thomas Pynchon, *Unter dem Siegel*

Philip Roth, *Das Lied verrät nicht seinen Mann*

Peter Rühmkorf, *Die Last, die Lust und die List*

Jean-Paul Sartre, *Briefe an Simone de Beauvoir 1926–1935*

Isaac Bashevis Singer, *Der seidene Kaftan*

Italo Svevo, *Mein Müßiggang*

Kurt Tucholsky, *Die Unterwelt der Gefühle*

John Updike, *Museen und Musen*

Joy Williams, *Die blauen Männer*

Programmänderungen vorbehalten